Musik und Wirtschaft Band 1

Daniel Reinke
Neue Wertschöpfungsmöglichkeiten
der Musikindustrie

D1618354

Musik und Wirtschaft · Band 1
Schriftenreihe der Popakademie Baden-Württemberg

Daniel Reinke

Neue Wertschöpfungsmöglichkeiten der Musikindustrie

Innovative Businessmodelle in Theorie und Praxis

Nomos
Edition Reinhard Fischer

Redaktion MUSIK UND WIRTSCHAFT
Popakademie Baden-Württemberg
Dr. Alexander Endreß und Prof. Hubert Wandjo
Hafenstr. 33
68159 Mannheim

alexander.endress@popakademie.de
hubert.wandjo@popakademie.de

ISBN 978-3-8329-5053-8
© Nomos Verlagsgesellschaft / Edition Reinhard Fischer
Baden-Baden, 2009
www.nomos.de
Umschlaggestaltung: crosscreative.de
Druck und Bindung: docupoint, Magdeburg

Vorwort der Herausgeber der Schriftenreihe

Zum Start der Reihe...

Der Titel unserer Schriftenreihe – „Musik und Wirtschaft" – kann hinsichtlich Ursprung und Grundaussage unterschiedlich interpretiert werden. Offensichtlich leitet sich der Titel dieser Reihe aus den Gegenstandsbereichen der Einrichtung ab, die sich für ihre Genese verantwortlich zeichnet: Der Fachbereich Musikbusiness der Popakademie Baden-Württemberg, der nun im siebten Jahr kontinuierlich und mit großem Erfolg an der Durchführung und Weiterentwicklung der akademischen Ausbildung junger Menschen für die praktischen Tätigkeitsfelder der Musik- und Kulturindustrie arbeitet. Dabei versteht sich die Popakademie Baden-Württemberg nicht nur als Hochschuleinrichtung, sondern als Kompetenzzentrum für sämtliche Aspekte der Musikbranche, einschließlich deren neuerlichen Öffnung zu den gesamten Creative Industries, und gewährleistet ihren Anspruch durch zahlreiche Projekte in den Bereichen europäische Zusammenarbeit, Regionalentwicklung und Wirtschaftsförderung am Medienstandort Baden-Württemberg.

Aber – wir geben es zu – wir haben uns bei der Titelfindung auch ein wenig am schlagwortartigen Betitelungsstil der Max Weber'schen Werke (wie z.B. „Wirtschaft und Gesellschaft") orientiert, ohne dabei ernsthaft ein ähnlich bedeutendes und schweres Gewicht mit unserer publizistischen Tätigkeit postulieren zu wollen. Allerdings ist es kein Zufall sich in Zeiten der Stagnation der Branche auf sozialökonomische Ideen zu besinnen. Und schließlich hat Max Weber mit seinen leider nur fragmentarisch fertig gestellten Ausführungen zu den *rationalen und soziologischen Grundlagen der Musik**, die als Vorarbeit zu seiner für später geplanten und leider nie vollendeten *Musiksoziologie* gelten, grundlegende Ideen zur Funktionsweise einer Musikwirtschaft

---

* Max Weber, 1921, Die rationalen und soziologischen Grundlagen der Musik, München.

im modernen Kapitalismus formuliert, aus denen heute noch gelernt werden kann, darf und auch sollte.

Der Studiengang „Musikbusiness" stellt inhaltlich ein betriebswirtschaftliches Studium mit vielen klassischen Bezügen aber auch mit vielen neuen Fachgebieten dar, die seither vergleichsweise wenig Würdigung in Lehre und Forschung erfahren haben. Durch viele Gespräche mit Experten aus dem In- und Ausland hat sich das Bild der derzeitigen Einzigartigkeit dieses Bachelor-Studiengangs bestätigt. Die Popakademie ist aufgrund ihrer Private-Public-Partnership-Struktur in ein Netzwerk aus Politik, Wirtschaft und Medien eingebettet. Die Zahl der Alumni wächst stetig, und zu der Aufmerksamkeit, die die Popakademie nach wie vor in den tagesaktuellen Medien genießt, kommt die Wahrnehmung in den Fachkreisen hinzu, was zu einer stetigen Etablierung der Einrichtung und ihrer Programme führt. Nicht zuletzt deshalb kann die Einrichtung auf die anerkanntesten Dozenten in der Musik- und Medienbranche zurückgreifen.

Nachdem die ersten sechs Jahre ganz im Zeichen des Aufbaus der Strukturen, der inhaltlichen Konzeption der Studiengänge und der Qualifizierung dieser standen, ist es nun an der Zeit, auch die Inhalte aus Lehre und Forschung zur Musikwirtschaft zu veröffentlichen. Uns ist es besonders wichtig, Offenheit und Ergebnisorientierung zu signalisieren.

Wissenschaft basiert auf Offenheit. Nur auf der Grundlage eines gemeinsamen Wissensaustauschs und einem Charakter, der es zulässt, konkurrierende oder ergänzende Ideen miteinander zu konfrontieren, kann ein echter Erkenntniswert erlangt werden. Erkenntnis bildet wiederum die Grundlage zur Innovation, und Innovation ist die Grundlage zu Fortschritt und Wachstum. Es besteht daher kein Widerspruch, wenn wir von der Popakademie als Praxiseinrichtung sprechen und diese sich dennoch auch wissenschaftlichen Fragestellungen widmet.

Zum vorliegenden Band und dem Fortgang der Reihe...

Mit dem vorliegenden Band 1 wollen wir die Auseinandersetzung, die Öffnung und die Diskussion innerhalb der Branche zu neuen Möglichkeiten der Wertschöpfung weiter anregen. Daniel Reinke legt mit diesem Buch eine Arbeit vor, die systematisch das aufarbeitet und kritisch reflektiert, was die Branche längst diskutiert. Immer wieder wird dieser Branche nachgesagt, dass sie die letzten 10 bis 15 Jahre untätig war und dem gravierenden Strukturwandel, der sich aufgrund der großen Umsatzeinbrüche, v. a. im Tonträgersegment, vollzog, tatenlos zugesehen hat. Dem ist und war nie so. Genau genommen wurde sehr viel ausprobiert. Einzig die Zeit, Dinge auf ihre Wirkungsweisen hin empirisch zu testen und zu untersuchen fehlt aufgrund der Rahmenbedingungen des praktischen Musikmarktes und Musikhandels. Diese Aufgabe wollen wir als Einrichtung übernehmen. Daher werden verschiedenste zeitgenössische Themen in dieser Schriftenreihe zukünftig aufbereitet. Dazu gehören natürlich Themen zu Entwicklungen, Perspektiven, Prognosen, Erkenntnisse zu Veränderungsprozessen durch die Digitalisierung von Gütern, Themen zur digitalen Musikwirtschaft, Künstlermanagement, Artist Development, rechtswissenschaftliche Themen zum Bereich Musik und Creative Industries, etc.

Den Ausgangspunkt bilden dabei Arbeiten unserer Dozenten, Studierenden und Projektgruppen. Wie aber eingangs schon erwähnt ist die Schriftenreihe nicht als Closed-Shop-System zu verstehen. Wir werden daher auch Schriften in dieser Reihe veröffentlichen, die nicht unbedingt aus der unmittelbaren Arbeit der Popakademie entstanden sind.

Wir freuen uns sehr Ihnen unseren ersten Band präsentieren zu dürfen und wünschen Ihnen vielerlei Erkenntnisse und Einsichten.

Hubert Wandjo & Alexander Endreß

Inhalt

Ohne die Untersützung folgender Personen wäre dieses
Buch nicht möglich gewesen. Danke dafür! Im Einzelnen:

Danke für Alles
Caro
Karl
Mathilde

Danke fürs Booking
Alexander Endreß
Hubert Wandjo
Stefan Weinacht

Danke fürs Management
Wiebke Möhring
Carsten Winter

Danke für den Support
Johann Brockdorff
Britta Lüerßen

Danke für die Interviews
Reimer Bustorff von Grand Hotel van Cleef
Dirk Darmstädter von Tapete Records
Dominik Dreyer von Universal Music
Marec Lerche von Warner Music
Karl Mahlmann von EMI Music
Daniel Spindler von Sinnbus Records
Ingo Vandré von SPV

Danke für den Sound
André Luce
Sven Jordan
Torsten Bock

„Man muss wissen, was für uns wichtig ist,

als musikaffine Irre,

davon haben 99 Prozent der Welt noch nie

gehört und werden das auch nicht."

(Aussage des Experten von Independent Label D)

Intro

Seit nunmehr zehn Jahren hat die Musikindustrie mit einer existenziellen Krise zu kämpfen. Die Musikunternehmen sehen sich auf Grund eines immer komplexer werdenden Musikmarktes vielen neuen Herausforderungen gegenüber, die sie zu bewältigen haben. In verschiedenen theoretischen Auseinandersetzungen finden sich potenzielle Lösungsansätze für diese Herausforderung, welche in dieser Arbeit aus unterschiedlichen Perspektiven betrachtet werden. In der Literatur finden sich vielfältige und aktuelle Ausarbeitungen über die Wertschöpfung in der Musikindustrie (bspw. bei Kromer, 2008). Daneben gibt es eine Vielzahl von Lösungsvorschlägen für den Ausweg aus der o. g. Krise der Musikindustrie, die sich oft in nicht-wissenschaftlicher Literatur niederschlagen (bspw. Renner, 2004). Wie aber die Musikindustrie gerettet werden bzw. wie sie sich selbst retten kann und vor allem, welche dieser Möglichkeiten sie wirklich nutzt, ist jedoch nicht empirisch überprüft.

Diese Arbeit bietet deswegen eine systematische und wissenschaftliche Strukturierung von Lösungsansätzen für die Musikbranche. Aus sechs Perspektiven werden theoretische Ansätze erörtert und diskutiert, die neue Wertschöpfungsmöglichkeiten der Musikindustrie verkörpern. Neben einer eingehenden theoretischen Erarbeitung wird anhand eines qualitativen Forschungsdesigns die Praxistauglichkeit potenzieller neuer Wertschöpfungsmöglichkeiten empirisch überprüft. Dazu werden Leitfadeninterviews mit Experten aus der Musikbranche geführt. Als Musikbranche werden in dieser Arbeit die klassischen Plattenfirmen, also Major und Independent Labels[1], verstanden. Denn sie stehen für das Sinnbild der Musikindustrie, den Tonträger. Zwar wird auch seine Bedeutung als immer geringer dargestellt, die CD mitunter sogar totgesagt, dennoch wurden in Deutschland allein im Jahr 2008 über 169 Millionen Musik-CDs verkauft und ca. 1,6 Milliarden Euro durch den Tonträgerverkauf erwirtschaftet. Allerdings

---

[1] In dieser Arbeit werden die Begriffe Label und Plattenfirma synonym verwendet.

bleibt festzuhalten, dass 1998 noch etwa 290 Millionen Tonträger verkauft und rund 2,7 Milliarden Euro erwirtschaftet wurden (BV Musikindustrie, 2009, S. 13-19), was die „Krise" veranschaulicht.

Andere angeschlossene Märkte wie bspw. Konzerte und Merchandising hingegen konnten in den letzten Jahren ein enormes Wachstum verzeichnen (IDKV, 2007, S. 3). Eine Ausweitung des Handlungsradius auf eben diese Märkte ist also ein wichtiger Ansatz für die Erschließung neuer Wertschöpfungsmöglichkeiten.

Die vorliegende Studie nähert sich einem Forschungsgebiet, das bisher aus der Medienmanagement-Perspektive eher vernachlässigt wurde. Daher ist diese Arbeit als explorative Untersuchung zu verstehen, die versucht Ordnung in das Chaos der neuen Wertschöpfungsmöglichkeiten der Musikindustrie zu bringen. Das Erkenntnisinteresse wird dabei durch zwei Forschungsfragen beschrieben: „Welche neuen Wertschöpfungsmöglichkeiten gibt es für Plattenfirmen?" und „Wie nutzen Plattenfirmen die neuen Wertschöpfungsmöglichkeiten?"

Key Facts zum deutschen Musikmarkt

Im Jahr 2008 wurden auf dem deutschen Musikmarkt 1,575 Milliarden Euro Umsatz erwirtschaftet. Das ist im Vergleich zum Vorjahr ein Rückgang von 4,7 Prozent. Insgesamt wurden 223 Millionen Tonträger (sowohl physisch als auch nicht-physisch) abgesetzt. Dabei stellt das von vielen tot gesagte Medium CD-Album einen Anteil von 81 Prozent dar, DVDs bestreiten immerhin noch 8 Prozent, (legale) Downloads lediglich 5 Prozent. Die restlichen 6 Prozent verteilen sich auf Singles (2 Prozent), Mobile (2 Prozent), Vinyl-LPs (1 Prozent) und MCs (1 Prozent). Zwar ist auf dem Download-Sektor seit seiner Existenz 2004 ein stetiges Wachstum zu verzeichnen, jedoch ist dieser Bereich längst nicht so rentabel wie der CD-Verkauf.

Quelle: BV Musikindustrie, 2009, S. 13 und 19

1. Der Wandel der Musikindustrie

Im 20. Jahrhundert war der Tonträger das Sinnbild der Musikindustrie. Seine Eigenschaften unterlagen zwar einer immer wiederkehrenden Überarbeitung zur Klangoptimierung – von Schellack über Vinyl bis hin zu Polycarbonat, dem Hauptbestandteil einer CD – dennoch stellte der Tonträger den Dreh- und Angelpunkt der Musikindustrie dar. Produktion, Marketing und Vertrieb wurden neben Künstlerakquise somit zu Kernkompetenzen der Plattenfirmen (Gebesmair, 2008, S. 172).

Nachdem knapp 80 Jahre lang die Schallplatte[2] als Tonträger diente, wurde 1983 die CD als digitales Trägermedium zur Marktreife geführt. Diese neue Scheibe bescherte der Musikindustrie über Jahre erhebliche Umsatzzuwächse, da viele Konsumenten ihre Musiksammlungen noch einmal neu kauften, um sie auf den aktuellsten Stand der Technik zu bringen. Zudem ergab sich 1990 für den deutschen Musikmarkt ein weiterer enormer Nachfragezusatz aus politischem Anlass: Durch die Wiedervereinigung traten 16 Millionen neue potenzielle Käufer auf den Markt, die den CD-Verkauf erheblich ankurbelten. Erst gegen Ende des vergangenen Jahrzehnts wurde der Boom der Musikbranche gestoppt. Die zunehmende Digitalisierung Ende der 1990er Jahre führte nämlich dazu, dass der Tonträger als Sinnbild der Musikindustrie nahezu bedeutungslos und sogar totgesagt wurde[3]. Schließlich führten CD-Brenner und File-Sharing-Börsen zu erheblichen Umsatzeinbußen der Musikindustrie. Musik wurde ohne Qualitätsverlust kopierbar und stand plötzlich kostenlos zur Verfügung. Offenbar hatte die Musikindustrie den Anschluss verpasst und den rechtzeitigen Einstieg in eine neue Technologie-Ära verschlafen, denn die Digitalisierung von Musik war schon Mitte der 1990er Jahre als Trend zu erkennen (Renner, 2004, S. 9). Die Musikbranche hat auf

---

[2] Ab ca. 1900 aus Schellack, seit 1948 aus Vinyl.
[3] „Vinyl Schallplatten: Totgesagte leben länger." Neue Presse vom 19.06.2008.

dem deutschen Markt seit 1998 über eine Milliarde Euro Umsatzeinbußen zu verbuchen, was einem Rückgang von ca. 40 Prozent entspricht. Inzwischen ist die Talfahrt der Musikbranche allerdings abgebremst, das Umsatzniveau einigermaßen stabilisiert.

Anfangs als unbedeutend missverstanden (Renner, 2004, S. 124), später als Feind schlechthin betrachtet, wurde das Internet bald als Vertriebsweg von der Musikbranche anerkannt und für den Absatz von digitalisierten Aufnahmen in Form von Downloads sowie den Vertrieb von Tonträgern, die noch immer für das Gros des Umsatzes sorgen, genutzt (BV Musikindustrie, 2008, S. 5).

Die Plattenfirmen haben erkannt, dass sie sich künftig verstärkt in allen Bereichen der Wertschöpfung von Musik engagieren müssen, und nicht nur in den herkömmlichen Bereichen der Tonträgerindustrie. Dies ist notwendig, um die Schlüsselposition im Musikgeschäft zu wahren. Insbesondere die Bereiche Künstlermanagement, Konzerte und Ticketing, Merchandising und Vertrieb sowie die Diversifikation in branchennahe Geschäftsfelder stellen neue Erlösquellen für die Musikindustrie dar. Aus den Plattenfirmen könnten Musikunternehmen werden, die als spezielle Dienstleister oder als Rund-Um-Versorger für Künstler in Erscheinung treten (BV Musikindustrie, 2008, S. 5).

Auf seiner Jahrespressekonferenz 2009 stellte der Bundesverband Musikindustrie die Ergebnisse einer Mitgliederbefragung vor, in der sich herausstellte, dass die Musikunternehmen alternative Geschäftsbereiche als sehr wichtig erachten. Bereits Ende 2008 resultierte demnach bereits ca. 15 Prozent des Umsatzes aus neuen Erlösquellen wie Merchandising oder Künstlermanagement. Die Plattenfirmen strebten bis 2015 eine Erhöhung dieses Anteils auf ca. 25 Prozent an. Diese Ergebnisse zeigen den Bedarf der Musikindustrie nach neuen Handlungsoptionen, die zur Erschließung neuer Erlösquellen beitragen können.

1.1 Die Transformation des Wertschöpfungsprozesses

Die antizipierte Notwendigkeit zum strategischen Umdenken hat zu einem fundamentalen Umbruch der Wertschöpfungsstruktur der Musikbranche geführt. Digitalisierung und Konnektivität lassen neue Gruppen von aktiven und informierten Konsumenten entstehen, die durch frei verfügbare Informationen und soziale Netzwerke ihren Konsum selbst (mit)gestalten können und auch wollen (Prahalad & Krishnan, 2008, S. 237). Die klassische Wertschöpfungskette der Musikindustrie kann daher nicht mehr zeitgemäß sein, da sie auf einem statischen Markt basiert, äußere Einflüsse ignoriert und die Möglichkeiten der Digitalisierung nicht mit einbezieht (siehe Abbildung 1).

Abbildung 1: Klassische Wertschöpfungskette der Musikindustrie

Quelle: Kaiser und Ringlstetter, 2008, S. 47, in Anlehnung an Wirtz et al. 2003

Die Wertschöpfungskette bildet einen linearen Wertschöpfungsprozess ab, an dessen Ende der Konsument steht, ohne ihn explizit zu erwähnen. Im Zeitalter einer vernetzten Gesellschaft, deren Standbein die Digitalisierung ist, wird diese Linearität und Einfachheit der Darstellung des Wertschöpfungsprozesses jedoch den ökonomischen und gesellschaftlichen Anforderungen nicht mehr gerecht[4].

Durch die Digitalisierung bieten sich viele neue Möglichkeiten, die daraus entstehenden sozialen Trends in die Wertschöpfung einzubinden. Die Herausforderung für die Musikindustrie besteht dabei insbesondere darin, immer wieder einzigartige Konsumerlebnisse zu schaf-

---

[4] Diese Darstellung der klassischen Wertschöpfungskette sei nur exemplarisch ausgewählt, bei anderen Autoren, bspw. Bei Koch, 2006, S. 218, gibt es zwar auch modifizierte Wertschöpfungsketten, allerdings basieren diese auch auf dem Grundgedanken der Linearität.

fen – eine Problematik, der nur durch eine Transformation der Wertschöpfungsstruktur begegnet werden kann (vgl. Kaiser und Ringlstetter, 2008, S. 51).

Digitale Technologien ermöglichen eine Vielzahl von Verknüpfungen der unterschiedlichsten Wertschöpfungsketten, wie Wirtz bereits 2003 (S. 709) konstatiert. Um diese flexiblen Verknüpfungen adäquat abzubilden, kann der Vorschlag von Zerdick (1999, S. 174) aufgegriffen werden, an Stelle der linearen Wertschöpfungskette ein Wertschöpfungsnetzwerk abzubilden. Bei Frahm (2007, S. 110) findet sich eine Darstellung eines allgemeinen „Wertschöpfungsnetzwerkes der Medienbranche", das in Abbildung 2 für die Musikbranche modifiziert wurde.

Abbildung 2: Wertschöpfungsnetzwerk der Musikindustrie

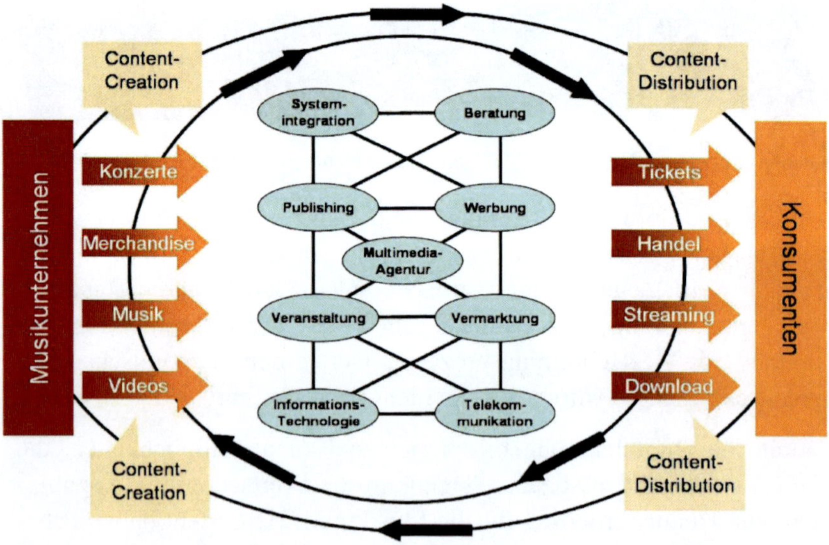

Quelle: Eigene Darstellung in Anlehnung an Frahm, 2007, S. 110

Der Charakter eines Wertschöpfungsnetzwerkes der Musikindustrie kann anhand der „Logik von Netzwerken" (Winter, 2006b, S. 39) beschrieben werden:

> „Die Logik von Netzwerken ist durch die Verbindung ihrer Elemente charakterisiert, die neuerdings oft als Konnektivität bezeichnet wird und eine Verbundenheit nicht mit etwas Stabilem oder Konkretem ist, wie mit einer Person oder einem Ort, sondern mit „Flows", neuen, oft globalen Flüssen oder Strömen von Daten, Kapital, Information, Orientierung usf., an die angeschlossen zu sein für Netzwerke und ihre Elemente immer wichtiger wird."
> (Winter, 2006b, S. 39)

Die Erweiterung des Handlungsradius der Musikunternehmen ist an einen permanentem Wandel der Marktbedingungen gebunden, der sich aus der Verschiebung vorhandener Marktgrenzen ergibt. Der Wandel konstituiert sich insbesondere in der Aufhebung der Linearität der Wertschöpfung. So ist die Beziehung zwischen der Produzentenseite, also den Musikunternehmen, und dem Konsumenten nicht mehr durch eine Verkettung von einzelnen Prozessen, wie in der Wertschöpfungskette nach Porter (1985) zu beschreiben, sondern durch integrierte und interdependente Handlungsoptionen, die sich auf verschiedenste Handlungsfelder erstrecken.

1.2 Herleitung der Forschungsfragen

Das gesamte Wertschöpfungsnetzwerk aus Konsumenten, Unternehmen und möglichen Kooperationspartnern darf nicht als statisch betrachtet, sondern muss im Gegensatz zur klassischen Wertschöpfungskette als ein System verstanden werden, das sich permanent im Fluss befindet (Prahalad & Krishnan, 2008, S. 109). Frahm konstatiert zudem, dass die Vermarktung von Künstlern und ihrer Musik im Laufe der Zeit immer vielschichtiger geworden ist, was aber die Zahl potenzieller Einnahmequellen vergrößert hat (Frahm, 2007, S. 113).

Webb stellt sogar die Behauptung auf, dass die Musikbranche einen großen Teil der neuen Wertschöpfungsmöglichkeiten, die sich ihr bieten, gar nicht monetarisiert (Webb, 2008, S. 4). Mögliche Gründe dafür können bei Prahalad und Krishnan (2008, S. 147) gefunden werden: veraltete Technologien (physische Tonträger), Personal, das den aktuellen sich ständig wandelnden Umweltbedingungen nicht gewachsen ist, und festgefahrene Geschäftsabläufe innerhalb von Unternehmen[5].

Wenn also der klassische Ansatz der Musikindustrie nicht mehr zukunftsfähig ist, dann braucht die Branche neue Wertschöpfungsmöglichkeiten, die ihr Überleben sichern. Das können ganz neue Geschäftsmodelle sein, aber auch Umstrukturierungen von bestehenden Ansätzen. Die Vielseitigkeit der Möglichkeiten, die die Branche aus ihrer „Krise" retten könnten, ist enorm.

Nicht nur in der wissenschaftlichen Literatur, auch in Branchenmagazinen, in Tageszeitungen und Blogs wird über neue Wertschöpfungsmöglichkeiten oder neue Erlösquellen der Musikbranche diskutiert. Welche Ansätze aber sind dabei wirklich von Relevanz? Für die Musikwirtschaft ist es eine große Herausforderung, hier die Spreu vom Weizen zu trennen und nicht auf das falsche Pferd zu setzen. Das Forschungsinteresse dieser Arbeit knüpft genau an diesem Punkt an. Es soll zunächst erarbeitet werden, was potenziell bedeutsame neue Ansätze für die Branche sind, um anschließend herauszufinden, ob und wie diese Ansätze bei Plattenfirmen tatsächlich Anwendung finden. Vor diesem Hintergrund stellen sich zwei Forschungsfragen, die in dieser Arbeit untersucht werden sollen:

---

[5] Renner (2004) verdeutlicht dies: Bei einer Managementtagung der PolyGram wurde 1994 ein Wissenschaftler des Massachusettes Insitute of Technology (Nicholas Negroponte, Mitgründer des Wired Magazins) eingeladen, über Datenkompression (MP3) und Peer-to-Peer-Netzwerke (Filesharing) zu referieren. Negroponte prognostizierte, dass 2004 die Hälfte aller Musiktitel über das Internet zu den Konsumenten kommen würde. Ein Manager der Plattenfirma schlief während des Vortrags ein, andere hörten einfach nicht zu und plauderten. Nach dem Vortrag entschuldigte sich der Vorsitzende bei den anwesenden Mitarbeitern. „Das sei natürlich alles Quatsch, der Mensch sei haptisch veranlagt, ein Download würde niemals als Besitz begriffen werden." (Renner, 2004, S. 15-16).

1. Welche neuen Wertschöpfungsmöglichkeiten gibt es für Plattenfirmen?

2. Wie nutzen Plattenfirmen die neuen Wertschöpfungsmöglichkeiten?

1.3 Praktische Relevanz

Die Krise der Musikbranche, die sich seit 1998 in einer rückläufigen Absatzentwicklung niederschlägt, wird in der Literatur überwiegend durch illegales File-Sharing über Peer-To-Peer-Netzwerke sowie durch die Zunahme von Privatkopien, das CD-Brennen, und mittlerweile auch durch das Kopieren von ganzen Festplatten, erklärt. Diese Beschaffungswege führten zu einer teilweisen Substitution herkömmlicher Kaufhandlungen (bspw. Liebowitz, 2003; Stein & Jakob, 2003). Aber auch eine inhaltliche Auseinandersetzung ist erkennbar. Die mangelnde Innovationsfähigkeit der Branche, neue Stars zu schaffen (vgl. Hummel, 2003, S. 26) sei ebenfalls maßgeblich für den Verkaufsrückgang verantwortlich. In der betriebswirtschaftlichen Literatur findet zwar eine Beschäftigung mit den Strukturbrüchen der Musikindustrie als Konsequenz der Krise statt, die empirische Forschung stellt hierbei allerdings nur einen geringen Teil der Beiträge dar (bspw. Emes, 2004; Dietl et al. 2005). Das Gros der inhaltlichen Auseinandersetzung mit dem Thema stellen Berichte aus der Praxis dar (Kaiser & Ringlstetter, 2008, S. 40). Diese Arbeit befasst sich allerdings nicht mit den Ursachen der Krise, sondern mit möglichen Auswegen. Die Ursachenforschung muss an anderer Stelle vorgenommen werden. Nicht erst seit dem Popkomm-Kongress 2008[6] ist die Branche auf der Suche nach innovativen Lösungen, die den Umbrüchen der Digitalisierung gerecht werden. Der Popkomm-Gründer Dieter Gorny geht davon aus, dass physische Tonträger bald nur noch die Hälfte des Geschäfts der Musikindustrie ausmachen (Frankfurter Rundschau, 10.10.2008). Die andere Hälfte werde durch Downloads, Lizenzhan-

---

[6] Der Branchenkongress ist Teil der bis 2008 jährlich stattfindenden deutschen Musikmesse Popkomm. Aktuelle Fragen und Entwicklungen, die die Branche betreffen, werden dort vorgetragen und diskutiert.

del, Konzerte und Merchandising erwirtschaftet. Das verdeutlicht, dass der Musikmarkt mit einer zunehmenden Komplexität zu kämpfen hat, deren Handhabung neue Maßnahmen erfordert. Die Musikindustrie hat zwar erkannt, dass sie sich nicht mehr auf den Verkauf von Tonträgern beschränken kann, wenn sie auch in Zukunft bestehen will, aber ob es wirklich mehr als eine diffuse Ahnung der Möglichkeiten auf Seiten der Branche gibt, ist noch nicht erforscht.

Die Musikbranche sucht Antworten auf Fragen, die mangels Vorhersehbarkeit noch nicht gestellt sind. Daher soll diese Arbeit als pragmatische Hilfestellung einer Branche dienen, die nun seit über zehn Jahren im Wandel begriffen ist, und sich im Dschungel der Möglichkeiten zu orientieren versucht.

2. Neue Wertschöpfungsmöglichkeiten der Musikindustrie

Die langanhaltende Krise der Musikindustrie lässt sich nach der vorstehenden historischen Betrachtung anhand des „Fünf-Kräfte-Modells" von Porter (1980) charakterisieren. Zunächst traten in Form der File-Sharing-Börsen neue Wettbewerber auf den Markt, denen die Labels machtlos gegenüberstanden. Durch diese neue Möglichkeit der Musikbeschaffung wurde für den Konsumten ein Substitut für den Tonträger geschaffen, das allein auf Grund des erheblichen Kostenvorteils (gratis) die Machtposition der Musikindustrie schmälerte. Zusätzlich zum ohnehin von den Konsumenten als zu hoch wahrgenommenen CD-Preis erschwerte dies den Gestaltungsraum in der Preispolitik der Tonträgerhersteller. Die Konsumenten hingegen befanden sich auf ein Mal in einer Position mit extrem hoher Verhandlungsmacht. Sie hatten die Auswahl zwischen teuren CDs und kostenlosen MP3s.

Die Position der Künstler, die in diesem Modell als Lieferanten verstanden werden können, gegenüber den Labels wurde dadurch ebenfalls gestärkt. Die Plattenfirmen mussten schließlich versuchen, entgegen des Konkurenzdrucks illegaler File-Sharing-Börsen, Möglichkeiten zu finden, ihr herkömmliches Geschäftsmodell (siehe Abbildung 1), Produktion und Vertrieb von Tonträgern, aufrechtzuhalten. Da dies aber auf Dauer nicht funktioniert hat[7], musste die Musikindustrie letztlich doch die Notwendigkeit anerkennen, nach innovativen Geschäftsfeldern zu suchen.

Dabei ist für diese Ausarbeitung die Idee des Strukturwandels von der Wertschöpfungskette zum Wertschöpfungsnetzwerk (Frahm, 2007, S. 110) der Ausgangspunkt.

---

[7] Der Umsatzrückgang von 40 Prozent in nur 10 Jahren spricht für sich

Anhand des oben dargestellten modifizerten Wertschöpfungsnetzwerks der Musikindustrie ergeben sich also sechs Perspektiven für
neue Wertschöpfungsmöglichkeiten (siehe Tabelle 1).

Tabelle 1: Wertschöpfungsperspektiven

Nr.	Perspektive
1	Prozessöffnung und Kooperationen
2	Nutzung von globalen Ressourcen
3	Implementierung von Technologie- und Nutzeninnovationen
4	Kundenzentrierung und Co-Kreation
5	Nischenversorgung
6	Plattenfirmen als Full-Service-Institutionen

Quelle: Eigene Darstellung

Diese Perspektiven sind deswegen als „neu" aufzufassen, weil sie über
die klassische Wertschöpfungskette der Musikindustrie hinausgehen.
Sie ergeben sich aus den netzwerkartig miteinander Verbundenen
Elementen der Wertschöpfung (siehe Abbildung 2) der Musikindustrie. Ein Wertschöpfungsnetzwerk kann nur funktionieren, wenn die
linearen Prozesse der Wertschöpfungskette geöffnet und Kooperationen mit Partnern aus angrenzenden Handlungsfeldern eingegangen
werden. Daraus kann die Notwendigkeit zur Nutzung von globalen
Ressourcen entstehen, da die besten Partner sich nicht zwangsläufig
auch in räumlicher Nähe befinden müssen. Die Vernetzung aller am
Wertschöpfungsprozess Beteiligten lässt sich insbesondere durch die
Implementierung von Technologie- und Nutzeninnovationen stabili-
sieren. Neue Technologien wiederum ermöglichen die Einbindung der
Konsumenten in den Wertschöpfungsprozess, in dem er an der Pro-
dukterstellung beteiligt wird. Die Versorgung von Nischenmärkten
lässt sich als Wertschöpfungsperspektive der Musikindustrie von der
permanenten Verfügbarkeit von Musik über das Internet ableiten.

Alle Perspektiven führen letzendlich dazu, dass Plattenfirmen ihre Handlungsbereiche erweitern und neue Tätigkeitsfelder integrieren müssen, wenn sie den wandelnden Eigenschaften des Musikmarktes Rechnung tragen wollen. Ein Wandel von der klassischen Plattenfirma hin zum Dienstleister, der als Full-Service-Agentur auftritt ermöglicht eine möglichst weitreichende Ausschöpfung des Wertschöpfungsnetzwerks der Musikindustrie (siehe Abbildung 2).

Die sechs Wertschöpfungsperspektiven lassen sich nun durch verschiedene Ideen und Ansätze konkretisieren. Im folgenden werden dafür verschiedene theoretische Konzepte betrachtet, die allesamt als Lösungsansätze für die Krise der Musikindustrie verstanden werden können.

Diese Wertschöpfungsperspektiven werden im Folgenden also ausführlich theoretisch eruiert und mit Beispielen versehen, um konkrete Handlungsoptionen vorzustellen, die als neue Wertschöpfungsmöglichkeiten verstanden werden können. Die Perspektiven sind nicht als trennscharfe Dimensionen zu verstehen, sondern als interdependente Handlungsoptionen. Tabelle 2 gibt einen Überblick über die Wertschöpfungsperspektiven und die jeweils zu Grunde liegenden theoretischen Ansätze.

Tabelle 2: Wertschöpfungsperspektiven und theoretische Ansätze

Nr.	Perspektive	Theoretische Basis
1	Prozessöffnung und Kooperationen	T.I.M.E.S.-Konvergenz
2	Nutzung von globalen Ressourcen	R = G-Konzept
3	Implementierung von Technologie- und Nutzeninnovationen	Blue Ocean Strategy
4	Kundenzentrierung und Co-Kreation	N = 1-Konzept
5	Nischenversorgung	Das Long Tail-Prinzip
6	Plattenfirmen als Full-Service-Institutionen	360°- Modelle

Quelle: Eigene Darstellung

2.1 Perspektive 1: Prozessöffnung und Kooperationen

2.1.1 Prozessöffnung

Die neuen Möglichkeiten der Musikindustrie führen – wie vorstehend beschrieben – zu einer Transformation der Wertschöpfungskette in ein komplexes Wertschöpfungsnetzwerk, in dem Unternehmensallianzen und -kooperationen möglich werden. Die Ursachen für dieses Phänomen und die daraus resultierenden Optionen werden im Folgenden näher beschreiben.

Die Konvergenz der Branchen „Telecommunication", „Information", „Media", „Entertainment" und „Security" (T.I.M.E.S.-Konvergenz) führt zu einem grundlegenden Wandel des Wettbewerbs. Es handelt sich dabei um eine „inhomogene Integration der verschiedensten Aspekte von einst klar geschiedenen Branchen, Märkten und Wertschöpfungsprozessen" (Winter, 2006a, S. 13).

Daraus resultiert die Herausforderung des Konvergenzmanagements, was dementsprechend als Management in inhomogenen Wertschöpfungsnetzwerken verstanden werden kann, in denen die Wertschöpfungskontexte und -momente nicht mehr linear, wie in der klassischen Wertschöpfungskette der Musikbranche[8] (s.o.), sondern netzwerkartig miteinander verbunden sind (Winter, 2006a, S. 30). Auch Hamel und Prahalad erkannten die große Bedeutung von Konnektivität und die damit verbundene inhomogene Integration von Verschiedenem für das Management (Hamel und Prahalad, 1995, S. 137). Sie stellten dabei besonders die Kernkompetenzen von Unternehmen in den Vordergrund, welche als zentrales Element für Erweiterungen des Handlungsradius mittels branchenübergreifenden Kooperationen zu verstehen sind.

Wenn Musikunternehmen die Prozesse der Wertschöpfung öffnen, um neue Erlösquellen zu erschließen, indem sie bspw. mit anderen Unternehmen aus angrenzenden Branchen zusammenarbeiten, bedarf es ggf. eines Paradigmenwechsels ggü. der Bedeutsamkeit des eigenen

---

[8]   die sich eng an der Wertschöpfungskette nach Porter (1985) orientiert

Produkts. Beispielhaft sei hier die Etablierung von Videotheken und die Konsequenzen für die Filmwirtschaft aufgezeigt. Als die ersten Videotheken aufgebaut wurden und der Home Video-Verleih startete, befürchteten die Film-Produzenten, dass dies für viele Konsumenten zu einer Substitution des Kinos werden könnte und somit weniger Umsatz erwirtschaftet wird. Allerdings hat die Etablierung von Verleihvideos dazu geführt, dass vielmehr Filme konsumiert wurden als vorher. Die Wertschöpfung wurde somit erweitert und eine neue Erlösquelle aufgetan. Die „Eitelkeit" der Filmproduzenten, dass Kino für die große Leinwand gemacht sei und nicht für das Fernsehgerät in heimischen Wohnzimmern, wich schnell der Ehrfurcht vor dem großen Geld (IBM, 2004, S. 26).

2.1.2 Konvergenz und Kooperationen

Wie eingangs dargestellt, beschreibt die T.I.M.E.S.-Konvergenz das gegenseitige Annähern unterschiedlicher Branchen, was sich durch das Auftreten von Unternehmen auf Märkten anderer Branchen vollzieht. Um zu verdeutlichen, wie die T.I.M.E.S.-Konvergenz sich in Kooperationen zwischen Musikfirmen und anderen Unternehmen niederschlagen kann, werden im Folgenden einige Beispiele für die T.I.M.E.S.-Branchen angeführt.

T – Die Telekommunikationsbranche

Der finnische Handy-Hersteller Nokia bietet seit Oktober 2008 seinen Musik-Service „Comes With Music" in Großbritannien und seit Anfang 2009 auch in Deutschland und anderen europäischen Ländern an[9]. Dieser Dienst ermöglicht es Konsumenten, unabhängig vom Mobilfunkprovider, beim Kauf von bestimmten Nokia Handys eine Art Musikflatrate nutzen zu können. Aber auch die Mobilfunkprovider auf dem deutschen Markt haben bzw. planen Musikdownloadshops: T-Mobile hat das Angebot Mobile Jukebox[10], Vodafone bietet über das

---

[9] www.nokia.co.uk
[10] www.music.t-zones.de

Portal Vodafone Life Musik zum Download an[11] und E-Plus nennt seinen Service schlicht E-Plus Musik[12]. O2 hat zwar den Dienst O2music zum 31. März 2008 eingestellt, plant aber einen neuen verbesserten Service[13].

Auf Grund ständig weiterentwickelter Handys, die in der Lage sind multimediale Inhalte zu verarbeiten, erscheint eine Überschreitung von Marktgrenzen hier sinnvoll. Die Mobilfunkanbieter wollen ihre Laufzeitverträge verkaufen, was mit dem Einsatz hochmoderner Handys unterstützt werden soll. Sie bieten modernste technische Möglichkeiten, wie bspw. Musikhören, Videoschauen oder auch Internetsurfen. Diese müssen mit Inhalten versehen werden, weil allein die Möglichkeit der Nutzung wenig interessant ist. Also bietet es sich für die Mobilfunkanbieter an, Musik an Handynutzer zu verkaufen bzw. zu verschenken. Dazu werden Lizenzen von Plattenfirmen benötigt, denen dadurch neue Absatzwege geschaffen werden. Die Telekommunikationsbranche konvergiert zur Musikbranche und umgekehrt, es entsteht eine WinWin-Situation.

I – Die Informationstechnologiebranche

Als Computerhersteller brachte Apple im Jahr 2001 den iPod auf den Markt, den bis heute meistverkauften tragbaren MP3-Player der Welt (Gartz, 2005, S. 14). Damit nahm das Unternehmen einen Nutzungstrend wahr, der für die Musikindustrie belastend war: Die (illegale) Verbreitung von MP3-Dateien über Tauschbörsen im Internet. Im Jahr 2003 startete Apple dann den iTunes Music Store, der als legaler Download Service dem illegalen File-Sharing entgegenstand (Gartz, 2005, S. 265-270).

Der Hardwarehersteller Apple kooperierte dabei mit den Big Playern der Musikindustrie, den Majorlabels[14], sowie vielen Independent Labels und konnte so ein Angebot schaffen, dass im Laufe der Zeit in

---

[11] www.vodafonelive.de/cp/pid/2
[12] wap.eplus.de/eplus/wap/de/musik.mobile-html
[13] www.o2online.de/nw/active/music/index.html
[14] Damals noch fünf an der Zahl: Universal, Sony, BMG, Warner und EMI.

seiner Breite und Tiefe den illegalen File-Sharing-Börsen nicht nur in nichts nachstand, sondern sogar einen Mehrwert bot. Neben der Musik an sich stehen auch Informationen zu Künstlern sowie Album-Cover zur Verfügung. Inzwischen gibt es im iTunes Store neben Musik auch Videos, Hörbücher und Podcasts.

Die Plattenfirmen betraten durch die Zusammenarbeit mit dem iTunes Store neues Terrain, weil sie zum ersten Mal einen Downloadservice unterstützten, bei dem das Angebot labelübergreifend war (Renner, 2004, S. 142). Die positive Entwicklung der verkauften Downloads lässt erkennen, dass diese Entscheidung absatzpolitisch richtig war.[15] Das Computerunternehmen Apple als Vertreter der Informationstechnologiebranche konvergiert folglich zur Musikbranche und umgekehrt.

Die Musikunternehmen werden dadurch aber vermehrt zu Dienstleistern, sie liefern Inhalte für eine vorhandene Technologie, die bei den Nutzern starken Anklang findet. Dennoch scheint auch hier eine WinWin-Situation zu entstehen: Das IT-Unternehmen Apple konnte mit der Etablierung seines Musikdienstes, und damit der Beschreitung eines fremden und neuen Marktes, den Verkauf seiner Hardware, des iPods, ankurbeln[16]. Die Musikindustrie konnte den Konsumenten endlich eine legale Alternative zu illegalen File-Sharing-Netzwerken bieten (Gartz, 2005, S. 265-270).

M – Die Medienbranche

Die Konvergenz von Medien- und Musikbranche kann an vielen Beispielen veranschaulicht werden, zumal die Musikindustrie auch als Teil der Medienbranche verstanden werden muss.

---

[15] Von 2004 bis 2007 konnte der Absatz von Downloads um den Faktor 4,25 von 8 Mio. auf 34 Mio. gesteigert werden (BV Musikindustrie, 2008, S. 26).

[16] Die Idee, Inhalte nur als Absatz fördernde Maßnahme zu betrachten stammt aus den Anfangstagen der Schallplatte: Emil Berliner, Erfinder der Schallplatte, vertrieb eine Aufnahme des „Vaterunsers" um den Verkauf seines Grammophons voranzutreiben (Renner, 2004, S. 26).

Beispiel 1: Die TV-Casting Show „Popstars"

Im Jahr 2008 läuft die bereits siebte Staffel der Casting Show „Popstars". Das Konzept ist denkbar einfach. Vermeintlich talentierte Bewerber stellen sich in mehreren Etappen einer Jury, die letztlich eine Band aus den besten Bewerbern zusammenstellt. Diese Band veröffentlicht im Anschluss an die jeweilige Staffel ein Album. Der Fernsehsender (ProSieben) wird durch diese Show zum A&R-Manager[17], übernimmt also eine der Kernkompetenzen der Plattenfirmen. Die Plattenfirma[18] wird zum Dienstleister, weil sie nur noch Tonträgerproduktion und Vertrieb zu übernehmen braucht. Die Marketing- und Promotion-Aktivitäten wurden bereits während der mehrwöchigen TV-Sendung vom ausstrahlenden Sender übernommen.

Beispiel 2: Lambchop und der Rolling Stone

Es geht allerdings auch anders herum, indem das Medium zum Dienstleister für Vertrieb und Marketing wird. So geschehen in der Oktober 2008-Ausgabe des Musikmagazins Rolling Stone.

Das Berliner Independent Label City Slang veröffentlichte das neue Album „OH (Ohio)" der amerikanischen Band Lambchop in Deutschland auf einem neuen Weg. Jedes Exemplar der Oktober-Ausgabe des deutschen Rolling Stone enthielt das komplette Lambchop Album, inklusive Jewel Case Hülle und mehrseitigem Booklet. Damit hat die Lambchop CD eine Auflage von ca. 54.000 Stück[19], was nach heutigen Maßstäben sehr hoch ist, wenn man berücksichtigt, dass es für 100.000 verkaufte Tonträger bereits eine goldene Schallplatte gibt (bis

---

[17] A&R-Manager spüren neue Talente und Songs auf, um Nischen im Markt zu bedienen (A&R steht dabei für Artist and Repertoire). A&R-Manager koordinieren zudem die Zusammenarbeit zwischen Künstlern, Verlagen, Produzenten und Marketingmanagern (Cordes, 2007, S. 43)

[18] Bei Staffel 5 bspw. war dies Warner Music, die das Album der Band Monrose veröffentlicht hat.

[19] Verkaufte Auflage des Rolling Stone laut IVW II/2008: 53.898 Exemplare (RS Mediadaten).

1999 waren dafür noch 250.000 verkaufte Exemplare Voraussetzung)
(BV Musikindustrie, 2008, S. 53).

Auch hier profitieren wieder beide Parteien von der Kooperation. Die
Zeitschrift verkauft sich besser, weil das enthaltene Album ein einzig-
artiges Verkaufsargument darstellt, die Plattenfirma kann bei Marke-
ting- und Vertriebskosten sparen und erreicht möglicherweise ein
breiteres Publikum als auf dem herkömmlichen Weg.

E – Die Entertainmentbranche

Der Einstieg ins Künstlermanagement oder Konzert-Geschäft ist eine
weitere Möglichkeit, die die Plattenfirmen als Reaktionen auf die Krise der Branche immer wieder in Betracht ziehen.

Aktivitäten wie diese bieten sich in Zeiten eines wachsenden Kon-
zertmarktes natürlich an.

Die Veranstaltungsbranche fordert in einer Marktstudie von 2007
sogar explizit die Plattenfirmen zur Zusammenarbeit auf. Eine Betrachtung beider Märkte in ihrer Gesamtheit[20] zeigt, dass das Marktvo-
lumen von Konzerten im Vergleich zu dem des Tonträgerverkaufs
(sowohl physisch als auch nicht-physisch) erheblich zugelegt hat. War
das Verhältnis 1995 zwischen Tonträger und Live-Musik-Markt noch
52 Prozent zu 48 Prozent, kehrte es sich 1999 genau um. Im Jahr 2003
betrug der Tonträgermarkt nur noch 40 Prozent des Gesamtvolumens,
2007 sogar nur noch 36 Prozent (siehe Abbildung 3) (IDKV, 2007, S.
27).

---

[20] Der Gesamtmusikmarkt wird hier als Summe aus Live-Musik und Tonträgermarkt verstanden.

Abbildung 3: Umsatz-Verhältnis Konzerte zu Tonträger

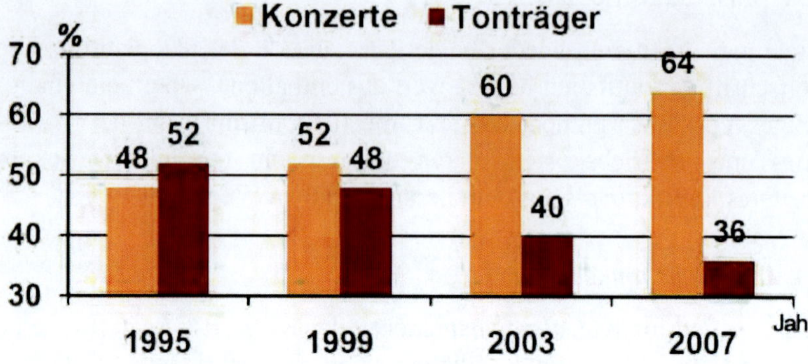

Quelle: IDKV, 2007, S. 27

Insgesamt überschneiden sich die beiden Teilmärkte zu 25 Prozent. Das ist nach Ansicht des IDKV[21] allerdings noch zu wenig, wenn man betrachtet, wie nah sich die beiden Märkte stehen. Beide vermitteln den gleichen Inhalt – nämlich Musik. Sie tun dies nur auf verschiedenem Wege und unter anderen Bedingungen. Anders als der Tonträgermarkt hat der Konzertmarkt in den letzten Jahren erheblich zugenommen (seit 1995 konnten 18 Prozent Umsatzzuwachs verzeichnet werden) (IDKV, 2007, S.7). Eine Kooperation zwischen Live-Musik-Geschäft und dem klassisch als Musikbranche bezeichneten Tonträger-Geschäft wäre also sicherlich zielführend. Immerhin besteht ja auch eine Interdependenz zwischen beiden Teilmärkten. Wenn die Plattenfirmen keine (neuen) Inhalte mehr schaffen können, weil sie immer weiter schrumpfen (Seit 1995 ca. 40 Prozent Umsatzrückgang) (BV Musikindustrie, 2008, S. 32), können auch die Konzert-Veranstalter keine Künstler mehr auf ihre Bühnen bringen. Wenn also der derzeit wachsende Konzertmarkt den seit langem schrumpfende

---

[21] IDKV = 1985 als Interessenverband deutscher Künstlervermittler gegründet, 1989 umbenannt in Interessenverband deutscher Künstlervermittler und Konzertveranstalter und ab 1998 Bundesverband der Veranstaltungswirtschaft e.V. (unter Beibehaltung des Kürzels) (www.idkv.com).

Tonträgermarkt durch Kooperationen zu neuen Erlösquellen verhelfen kann, geschähe dies im Interesse beider Branchen. Denn Konzerte steigern wiederum die Bekanntheit und Beliebtheit von Künstlern und können somit den Tonträgerverkauf ankurbeln. Etwa ein Fünftel aller Konzertbesucher kauft in den Folgetagen eines Konzerts eine CD des Künstlers, weil sie das Konzert beeindruckt hat (IDKV, 2007, S. 14).

Bei näherer Betrachtung der Kaufbereitschaft von Tonträgern in Verbindung mit dem Besuch von Konzerten, lässt sich eine weitere neue Erlösquelle erkennen. Der Verkauf von Live-Mitschnitten unmittelbar nach Konzerten. Immerhin 20 Prozent der Konzertbesucher würden einen solchen Live-Mitschnitt kaufen. Fanartikel oder CDs werden von 15 Prozent gerne direkt nach der Veranstaltung am Merchandising-Stand gekauft. Hier offenbart sich also eine Art rezipierte Konvergenz. Für den Konsumenten spielt es schließlich keine Rolle, ob Konzertveranstalter und Plattenfirma getrennt agieren, oder ob sie zielgerichtet kooperieren und das oben beschriebene Potenzial monetarisieren. Für den Konsumenten steht schließlich das Musikerlebnis im Mittelpunkt.

Key Facts zum deutschen Veranstaltungsmarkt

Allein im ersten Halbjahr 2007 wurden 1,9 Milliarden Euro auf dem Veranstaltungsmarkt in Deutschland umgesetzt.

Ungefähr 1,4 Milliarden Euro entfallen davon auf Musikveranstaltungen (IDKV, 2007, S. 8).

Live-Übertragungen von Konzerten im Internet stellen eine potenzielle neue Erlösquelle dar. Immerhin eine halbe Million Menschen wären bereit, dafür zu bezahlen.

Angrenzende Märkte bei Musikveranstaltungen sind Gastronomie (Umsatz 1. Halbjahr 2007: 270 Millionen Euro) und Merchandising (Umsatz 1. Halbjahr 2007: 129 Millionen Euro).

Das zeigt, dass allein angrenzende Märkte ein Potenzial von fast 400 Millionen Euro haben (IDKV, 2007, S. 25).

S – Die Security-Branche

Diese Branche umfasst Unternehmen, die den einwandfreien Ablauf von digitalen Abwicklungen ermöglichen, weil sie bspw. anfallende Daten schützen oder gar Angriffe auf digitale Infrastruktur verhindern. Die großen Tonträgerunternehmen, die Majorlabels, haben keine nennenswerten Beteiligungen an solchen Unternehmen, die ihr Geld mit der Entwicklung von Handhabungssystemen für digitale Produkte verdienen. So haben sie auch keinen Anteil an dem Geschäft mit Such- und Erkennungssoftware sowie hochintelligenter Abrechnungssoftware für Musikprodukte. Es handelt sich bei diesen Softwareunternehmen um neue Marktteilnehmer, die aus anderen Branchen kommen (Kromer, 2008, S. 226).

T.I.M.E.S. – Konvergenz

Optimal wäre natürlich eine simultane multidimensionale Kooperation, in der Unternehmen aus allen T.I.M.E.S.-Branchen miteinander kooperieren. Beispielhaft wäre die Fernsehshow „Deutschland sucht den Superstar" zu nennen. Ähnlich wie bei der oben genannten TV-Show Popstars funktioniert auch das Konzept dieser Sendung. Bewerber singen (zunächst nur) um die Gunst der Jury, am Ende einer Staffel wird allerdings keine Band entstehen, sondern ein Solo-Künstler. Die TV-Zuschauer können via Telefon für ihren Lieblingsbewerber abstimmen, wodurch der Fernsehsender zusätzliche Einnahmen generiert, da es sich bei dieser Funktion um einen Mehrwertdienst handelt. Abschließend wird ein Album veröffentlicht, das über den Vertrieb eines Majorlabels seinen Weg zum Konsumenten findet.

2.1.3 Zwischenfazit Prozessöffnung und Kooperationen

Die erste Perspektive zur Betrachtung neuer Wertschöpfungsmöglichkeiten der Musikindustrie umfasst die Öffnung von klassischen Wertschöpfungsprozessen, die die notwendige Kooperation mit Unternehmen aus anderen Branchen ermöglicht. Das theoretische Konzept der T.I.M.E.S.-Konvergenz steht hierbei im Mittelpunkt.

Unternehmen aus den Branchen Telekommunikation, Information, Medien, Unterhaltung und (Daten-)Sicherheit stellen vor dem Hintergrund der Digitalisierung hierbei mögliche Kooperationspartner dar. Diese Branchen sind nicht mehr länger klar voneinander abgrenzbar, sie konvergieren. Die Musikindustrie kann sich dieser Entwicklung nicht verschließen, wenn sie in einer digitalen Welt überleben will. Auch sie muss durch Konvergenzmanagement die inhomogenen Bestandteile des modernen Musikmarktes integrieren, die sich in den Marktteilnehmern aus den Branchen Telekommunikation, Information, Medien, Unterhaltung und (Daten-)Sicherheit konstituieren. Dies kann durch die Zusammenarbeit mit Telekommunikationsunternehmen bzw. Mobilfunkprovidern, mit Unternehmen aus der Informationstechnologie (wie bspw. Apple), durch Kooperationen mit Medienunternehmen (wie bspw. TV-Sendern oder Internetplattformen), aber auch durch Partnerschaften mit Unterhaltungsunternehmen (wie bspw. Konzertveranstaltern) und letztlich durch Zusammenarbeit mit Firmen, die bspw. Software für den Schutz von Kundendaten herstellen, geschehen.

2.2 Perspektive 2: Nutzung von globalen Ressourcen

2.2.1 Global Village[22]

Durch die Entwicklung des Internets[23] wandelten sich die Anforderungen an Plattenfirmen und die Komplexität des Musikmarktes gewaltig – nicht nur im Hinblick auf illegale Downloads, sondern vor allem auf Grund der möglichen Vernetztheit mit dem Konsumenten, die neue Vertriebswege eröffnete.

Zudem aber erleichtern die Kommunikationswege des Internets die Nutzung globaler Ressourcen für Unternehmen der Musikbranche. Werden diese Möglichkeiten nicht genutzt, werden Chancen vertan, die zur Sicherung von Wettbewerbsvorteilen hilfreich sein können.

Informationsbeschaffungs und -verbreitungswege sind schließlich dermaßen kurz geworden, dass die Welt zu einem „globalen Dorf" wurde (McLuhan, 1962, S. 31). Alle Orte, Märkte und Organisationen, die auf irgendeiner Weise zum eigenen Label in Beziehung stehen, müssen bei der strategischen Planung berücksichtigt werden um sich so einen Wettbewerbsvorteil zu verschaffen (Winter, 2006, S. 34).

2.2.2 Das Prinzip R = G

Prahalad und Krishnan haben das Konzept der globalen Ressourcennutzung auf die simple Formel R = G[24] abstrahiert (Prahalad & Krishnan, 2008, S. 4). Dabei stellt die reine Zugriffsmöglichkeit auf Ressourcen weltweit den Kern dieses Prinzips dar: Nicht die Integra-

---

[22] Marshall McLuhan prägte diesen Begriff bereits 1962 in seinem Buch: „The Gutenberg Galaxy".

[23] Das Internet wurde bereits in den 1970er Jahren in den USA geschaffen, um militärische Forschungsteams miteinander zu vernetzen (unter dem Namen Arpanet). Das World Wide Web, wie es heute bekannt ist, wurde allerdings erst 1990 an der Europäischen Organisation für Kernforschung (CERN) entwickelt. Der Physiker Tim Berners-Lee schuf die erste Website der Welt info.cern.ch, die mittels eines Browsers den Informationsaustausch der Forscherteams des CERN ermöglichen sollte (Renner, 2004, S. 131-135).

[24] „R = G": R steht für Ressourcen und G steht für globale Nutzung.

tion von Ressourcen und Kompetenzen in Musikunternehmen ist demnach der Schlüssel zukünftigen Erfolgs, sondern die weltweite Zusammenarbeit mit spezialisierten Unternehmen.

Outsourcing ist dabei nur ein möglicher Weg, mit dem innerhalb kurzer Zeiträume das Verhältnis zwischen Aufwand und Ertrag optimiert werden kann (Prahalad & Krishnan, 2008, S. 31-32).

Bei der Nutzung von globalen Ressourcen muss der Fokus demzufolge auf Zugriffs- und Einflussmöglichkeiten liegen, nicht auf Eigentum und Kontrolle von Ressourcen. Das Ziel sollte also der Ausbau einer globalen Ressourcenbasis bzw. eines globalen Ressourcennetzwerkes sein (Prahalad & Krishnan, 2008, S. 33), denn nicht alle benötigten Ressourcen sind in Plattenfirmen vorhanden bzw. können dort aufgebaut werden. Anstatt im eigenen Unternehmen neue Kompetenzen einzurichten, können diese ggf. besser eingekauft werden (IBM, 2004, S. 25).

2.2.3 Beispielunternehmen: Apple

Apple kontrolliert über 80 Prozent des digitalen Musikmarktes – Tendenz steigend (Prahalad & Krishnan, 2008, S. 23). Dabei nutzt Apple verschiedenste globale Ressourcen und verfolgt die R = G Strategie sehr erfolgreich.

Der musikalische Inhalt für den iTunes Store kommt dabei sowohl von großen Majorlabels als auch von kleinen Independent-Labels und einzelnen Künstlern aus der ganzen Welt. Die Podcast-Inhalte stammen von professionellen klassischen Medien (TV, Print, Radio) aber auch von Einzelpersonen oder Unternehmen aus gänzlich anderen Branchen – auch weltweit.

Der iPod wird in Zusammenarbeit mit Unternehmen aus der ganzen Welt produziert. Die Festplatten und Displays stammen von Toshiba und Matsushita aus Japan, weitere Speichereinheiten werden von Samsung in Korea produziert und die Videoprozessoren kommen von Broadcom aus den USA. Der Zusammenbau aller Einzelteile zum fertigen iPod findet in Fabriken von Inventec in Taiwan statt (Prahalad & Krishnan, 2008, S. 23). Apple versieht seine Geräte daher lediglich mit dem Label „Designed in California" und nicht mit „Made In USA".

Apple ist somit weder an der Schaffung von musikalischen Inhalten beteiligt, noch an der Herstellung des Abspielgerätes, sondern entwirft lediglich die vertriebliche Infrastruktur und koordiniert das Zusammenspiel von globalen Ressourcen. Apple verwirklicht das Prinzip R = G und ist ein gutes Beispiel dafür, wie der Zugriff auf globale Ressourcen optimal genutzt werden kann.

2.2.4 Zwischenfazit: Nutzung von globalen Ressourcen

Als Konsequenz aus der Prozessöffnung und den damit verbundenen Kooperationsnotwendigkeiten von Plattenfirmen mit anderen Unternehmen und Dienstleistern zeichnet sich die Nutzung globaler Ressourcen als zweite Perspektive ab. In Zeiten globaler Konnektivität, die durch das Internet ermöglicht wird, stellen Staatsgrenzen und Zeitzonen dabei kein Hindernis mehr dar, sondern bieten stattdessen Chancen und Möglichkeiten. Weltweite Ressourcen können und müssen auch von Plattenfirmen genutzt werden, um bei stetig wandelnden Bedingungen des Musikmarktes überlebensfähig zu bleiben und gewinnbringend agieren zu können. Schließlich sind die besten Partner nicht immer in unmittelbarer räumlicher Nähe zu finden. Bei der Nutzung von globalen Ressourcen ist nicht der Besitz dieser entscheidend, sondern die Möglichkeit, auf diese zugreifen zu können.

2.3 Perspektive 3: Implementierung von Technologie- und Nutzeninnovationen

2.3.1 Blaue und rote Ozeane

Die Notwendigkeit, permanent neue Technologien und Entwicklungen auf Relevanz für das eigene Unternehmen zu überprüfen, wird von Prahalad und Krishnan beschrieben (2008, S. 73). Neue technologische Möglichkeiten können schließlich neue Märkte eröffnen, die noch kein Wettbewerber betreten hat, die somit frei von Konkurrenz sind. Kim und Mauborgne bezeichnen diese als blaue Ozeane; im Gegensatz zu den roten Ozeanen, welche als Metapher für überlaufene Märkte stehen (Kim & Mauborgne, 2004, S. 77).

Die „Blue Ocean Strategy" von Kim und Mauborgne zielt darauf ab, neue Nachfrage zu generieren, anstatt um vorhandene Nachfragemöglichkeiten zu wetteifern. Sie stellen zwei Varianten zur Erschließung blauer Ozeane dar. Zum einen können Unternehmen vollständig neue Industrien bzw. Branchen schaffen, wie bspw. eBay[25] dies auf dem Gebiet der Online-Auktionen gelungen ist. Zum anderen, wie es weitaus häufiger der Fall ist, durch die Verschiebung von bestehenden Marktgrenzen (Kim & Mauborgne, 2004, S. 78). Aber nicht allein die technische Innovation ist bei der Erschließung eines blauen Ozeans entscheidend, sondern vor allem die Nutzeninnovation: Welcher Mehrwert entsteht für potenzielle Konsumenten?

Etablierte Unternehmen können blaue Ozeane demnach am besten durch eine Adaption von technologischen Innovationen bzw. von Nutzeninnovationen an die eigenen Kernkompetenzen schaffen. Für die Musikindustrie spielen hier insbesondere die MP3-Technologie und die Nutzung des Internets eine entscheidende Rolle.

---

[25] eBay wurde 1995 von dem Programmierer Pierre Omidyar erfunden, um den Einfluss von frei verfügbaren Informationen auf die Funktionsfähigkeit von Märkten zu untersuchen. Der erste Gegenstand, der auf eBay verkauft wurde, war ein defekter Laserpointer. Der Käufer gab damals auf Nachfrage Omidyars nach dem Grund, ein defektes Gerät zu kaufen, an, er sammle diese (news.ebay.com/about.cfm).

Wie bereits in Kapitel 1.2. (Herleitung der Forschungsfragen) ange-sprochen, hatte die Musikindustrie den Anschluss an die Innovation MP3 anfangs verpasst und musste somit zusehen, wie eine Nutzenin-novation, namentlich das kostenlose Tauschen von Musikdateien über das Internet, die herkömmlichen Marktgrenzen verschob. Es kann nur spekuliert werden, wie es der Branche heute ginge, hätte sie diese Neuerung frühzeitig für sich genutzt, und die Grenzen des Marktes selbst neu gezogen.

2.3.2 Vorsprung durch Innovation

Neue Technologien werden meistens in kleinen Unternehmen bzw. Organisationen entwickelt. Die Zusammenarbeit mit solchen Organi-sationen stellt deswegen eine Quelle des Innovationsvorsprungs dar. Durch selektive Lizenzierung, Kooperation oder gar Akquise kann die Innovationsfähigkeit eines Unternehmens enorm vorangetrieben wer-den (Prahalad & Krishnan, 2008, S. 33). Innovation heißt, Erwartun-gen von Konsumenten zu beeinflussen bzw. zu generieren, aber auch kontinuierlich auf deren wandelnden Ansprüche, Verhaltensweisen und Erfahrungen zu reagieren (Prahalad & Krishnan, 2008, S. 5-6).

Unternehmen aus der IT Branche haben gezeigt, dass sie durch Inves-titionen in technische Innovationen digitale Angebote aufbauen und betreiben können. Sie stellen eine digitale Absatz-Infrastruktur für die Musikindustrie dar und leisten somit einen wesentlichen Beitrag zur Schaffung neuer Wertschöpfungsmöglichkeiten der Musikindustrie (Cunningham et al., 1999, S. 119). Wäre das Internet noch immer in den Kinderschuhen und nicht bereits im Breitbandzeitalter angekom-men, wäre es nicht möglich, qualitativ hochwertige audio-visuelle Inhalte über das Internet zu konsumieren bzw. zu distribuieren.

Als die CD 1983 als technologische Innovation auf den Markt kam, brachte dies der Musikindustrie langfristig gesehen einen enormen Wachstumsschub (BV Musikindustrie, 2008). Dieses Beispiel zeigt, dass durch die rechtzeitige Implementierung einer technologischen Innovation eine Nutzeninnovation geschaffen werden kann, die wiede-rum zu ökonomischem Vorsprung führt. Eine rein technische Entwicklung schuf letztlich eine neue Generation von Tonträgern, die für viele Jahre als Sinnbild der Musikindustrie stand (Koch, 2006, S. 222). Derzeit wird eine mögliche Nachfolge der CD diskutiert. Dabei geht es nicht um die Abschaffung physischer Tonträger, sondern um ein anderes Trägermedium. Unter dem Namen Slot Music[26] sollen Alben mit ähnlicher Verpackung wie die CD auf kleinen Speicherkarten verkauft werden. Über Sinn und Unsinn lässt sich bei diesem Vorhaben, das zunächst nur in den USA getestet werden soll, definitiv streiten.

2.3.3 Die Zukunft ist digital

Die Zukunft der Medienwirtschaft liegt nach Einschätzung von IBM in der Online-Distribution von Medieninhalten, basiert also auf deren Digitalisierung (IBM, 2004, S. 28).

Das derzeit dominierende digitale Geschäftsmodell der Musikindustrie ist der Vertrieb von Downloads über den Apple iTunes Store. Aber auch andere Allianzen wie „Comes With Music" (mit dem Handy-Hersteller Nokia) oder der Amazon MP3 Download Shop[27] sowie MySpace Music[28] stellen eine erfolgreiche Ausdehnung des Musikmarktes dar.

Inzwischen haben sogar die Plattenfirmen erkannt, dass sie mit DRM-geschützten Downloads entgegen der Wünsche und Nutzungs-gewohnheiten der Konsumenten handeln. Deshalb werden inzwischen über den Amazon-Download-Service aber auch über iTunes und Musicload.de und andere Shops DRM-freie MP3-Dateien als Download angeboten. Dieser Schritt stellt ein Bekenntnis zur Interoperabilität dar und kommt den Konsumenten sehr entgegen (IFPI, 2008, S. 12).

Die Musikindustrie hätte dadurch die Möglichkeit, die Grenzen des Musikmarktes nach und nach selbst neu abzustecken. Zwar identifi-

---

[26] www.intro.de/news/newsticker/23050738/slotmusic_majors_im_
selbstrettungsversuch
[27] www.amazon.com/mp3
[28] music.myspace.com

ziert sie dadurch nicht direkt blaue Ozeane, allerdings kann gehofft werden, dass sie es versteht, den immer feiner werdenden Nutzeninnovationen der Konsumenten gerecht zu werden.

Das zentrale Problem der zunehmenden Digitalisierung von Musik war lange Zeit der eklatante Mangel an Interoperabilität. Download-Abonnement-Services wie Napster[29] oder Rhapsody[30] erfahren ebenfalls ständigen Zuwachs an Konsumenten. Allerdings sind solche Abo-Services nicht interoperabel mit dem iPod von Apple, welcher der am meisten verkaufte MP3-Player der Welt ist. Wenn diese Abonnement-Systeme besser vermarktet würden – so die IFPI – hätten Sie ein enormes Potenzial (IFPI, 2008, S. 13). Es gibt weitere Geschäftsmodelle, wie z. B. die Omnifone Music Station[31], die eine Musikflatrate fürs Handy anbieten. Bei diesem Service ist die Nutzbarkeit plattform- und endgeräteunabhängig, also ein Schritt in Richtung universeller Interoperabilität (IFPI, 2008, S. 14). Erst eine wirklich interoperable Handhabung von legaler digitaler Musik ist eine gleichwertige Alternative zu illegalen Downloads. Denn die Beschränkung auf den Quasimonopolisten iTunes stellt auch eine Beschränkung auf Seiten der Konsumenten dar, weil die dort gekauften Downloads nur mit Apple Hardware kompatibel sind. So clever und fortschrittlich das Geschäftsmodell aus Sicht von Apple und seinen „Fans" auch sein mag, so stellt es unter dem Gesichtspunkt Interoperabilität doch einen Rückschritt dar. Die Digitalisierung von medialen Inhalten erfordert idealer Weise nämlich einen hohen Grad an Interkompatibilität, damit die Nutzer Plattform unabhängig auf Inhalte zugreifen können und auch Inhalte von verschiedenen Plattformen miteinander kombinieren können (IBM, 2004, S. 24). Dies wird paradoxerweise oft durch einen Schutzmechanismus, dem sog. Digital Rights Management (DRM) unterbunden. Allerdings ist dies mit urheberrechtlichen Problemen verbunden, die es im Interesse aller relevanten Gruppen – sowohl Anbieter als auch Abnehmer – zu lösen gilt, damit es gar nicht erst so

---

[29] www.napster.de
[30] www.mp3.rhapsody.com
[31] www.omnifone.com

weit kommen muss, dass die Musikindustrie ihre eigenen Konsumenten anklagt.

Musikunternehmen sollten die technischen Innovationen, die außerhalb der Musikindustrie entwickelt werden, zu ihrem Vorteil nutzen. Dies bedingt aber eine vorausschauende strategische Ausrichtung auf angrenzende Märkte. Gelingt es Musikunternehmen, neue Technologien attraktiv mit ihren Inhalten zu verknüpfen, honoriert der Konsument dies gewinnbringend (Koch, 2006, S. 143), wie am Beispiel Apple nachvollzogen werden kann.

2.3.4 Die Musikindustrie als Freischwimmer

Wenn die Marktgrenzen erst einmal verschoben sind, ist die Vielfalt neuer Möglichkeiten von Geschäftsmodellen nur noch eine Frage des „Sich-Trauens". Wer den Schritt wagt, herkömmliche Strukturen hinter sich zu lassen und etwas Neues macht, kann es schaffen, zum „Freischwimmer" im blauen Ozean zu werden.

Ein beispielhaftes Geschäftsmodell stellen werbefinanzierte Musik-Services dar, die derzeit zwar nur ein kleiner, aber dafür signifikanter Erlösstrom mit hohem Potenzial sind (IFPI, 2008, S. 13). In abgeschwächter Form findet diese Idee Anwendung bei Kooperationen mit sozialen Netzwerken wie bspw. MySpace, YouTube und Last.FM. Diese Kooperationen basieren meistens auf Lizenzvereinbarungen, die das kostenlose Streamen von Musik gegen eine Beteiligung an den Werbeerlösen der Internetportale ermöglichen (IFPI, 2008, S. 15).

In einer britischen Studie[32] wurde sogar herausgefunden, dass von der Musikindustrie bislang gänzlich abgelehnte Geschäftsmodelle bei jugendlichen Konsumenten durchaus Anklang finden. Legales File-Sharing gegen Gebühr wäre dabei nur eine Option. Wichtig ist den Jugendlichen vor allen Dingen, dass sie Musik unbegrenzt nutzen und mit Freunden teilen können (Webb, 2008, S. 4). Die Jugendlichen würden weiterhin CDs kaufen und zu Konzerten gehen, auch wenn sie

---

[32] Adam Webb, 2008: Music Experience and Behaviour in Young People. Eine Studie der Organisation British Music Rights, www.bmr.org.

eine legale Peer-To-Peer-Börse nutzen würden, um ihre Lieblings-
bands zu unterstützen und deren Leistung Tribut zu zollen. Digitale
Musikdateien tragen für Konsumenten mit hohem Involvement dazu
nämlich nur unzureichend bei (Webb, 2008, S. 10). File-Sharing stellte seit 1998 eine Nutzen-Innovation dar, die vor allem bei Jugendlichen weit verbreitet war und seit jeher als Hauptursache für die Krise
der Musikindustrie betrachtet wurde (IFPI, 2008, S. 3). Es ist natürlich
fraglich, ob Plattenfirmen den Sprung ins kalte Wasser wagen und
dieses Modell für sich nützlich implementieren. Aus Angst vor genau
dieser Art des Musikverbreitens hat die Musikindustrie nämlich Kopierschutzmechanismen entwickelt, die allerdings allesamt als „Rohr-
krepierer" gewertet werden können. Denn diese Mechanismen waren
wirkungslos, da sie verhältnismäßig einfach umgangen werden konnten, und dies in der Fachpresse und im Internet auch ausführlich beschrieben wurde (Kaiser & Ringlstetter, 2008, S. 45). Hinzu kommt,
dass kopiergeschützte Tonträger häufig funktionale Mängel hatten –
manche CDs konnten mit herkömmlichen CD-Playern einfach nicht
abgespielt werden. Das führte vielfach zu Kundenbeschwerden und
schadete so dem Image der Muiskbranche mehr als es nützte (Theurer,
2004, S. 24).

2.3.5 Zwischenfazit: Implementierung von Technologie- und Nutzeninnovationen

Technische Innovationen stellen für die Musikindustrie eine kritische
Perspektive dar, wie anhand der Geschichte von MP3 einfach nachvollzogen werden kann: Eine neue Technologie, die unmittelbar Einfluss auf die Musikbranche haben sollte, wurde zunächst ignoriert,
dann verteufelt und letztlich doch als Zugpferd eingesetzt, um für
Rettung zu sorgen.

Da immer neue Übertragungstechnologien für digitale Inhalte – somit
also auch für Musik – entwickelt werden, bspw. Streaming-Tech-
nologien für Mobiltelefone oder MP3-Player, ergeben sich für den
Konsumenten immer mehr Möglichkeiten, Musik zu hören. Für die
Musikindustrie könnten daraus folglich neue Wertschöpfungsmöglichkeiten entstehen, die es rechtzeitig zu erschließen gilt. Dazu

müssen blaue Ozeane geschaffen werden. Wenn die Musikindustrie ihre vermeintlichen Kernkompetenzen wie Promotion, Marketing und Verkauf bzw. Vertrieb von Musik weiterhin bewahren will, darf sie nicht darauf warten, dass branchenfremde Unternehmen mit neuen Technologien auf den Markt drängen und die Musikindustrie zum Inhaltelieferanten mit geringer Verhandlungsmacht degradieren. Musikunternehmen müssen zu Impulsgebern für Kooperationsmöglichkeiten werden, die sich auf Grund neuer Technologien ergeben, um neue Wertschöpfungsmöglichkeiten zu nutzen. Dabei ist die Implementierung von Nutzungsinnovationen genau so wichtig, wie die ermöglichende Technologie selbst.

2.4 Perspektive 4: Kundenzentrierung und Co-Kreation

2.4.1 Das „Groundswell"-Phänomen

Konsumenten stellen gerade als User im Internet eine Kompetenz für Wertschöpfung dar. Sie bieten Ratschläge, machen Vorschläge und bewerten vorhandene Produkte. Prinzipiell kann jede befähigte Person auf der ganzen Welt also etwas zur Wertschöpfung beitragen. Um in einem sich permanent wandelnden Markt wie der Musikindustrie, in dem die Zielgruppen immer weiter auseinander brechen, bestehen zu können, ist die Konzentration auf den Konsumenten von enormer Wichtigkeit (Prahalad & Krishnan, 2008, S. 26). Insbesondere die Beobachtung von Konsumentenverhalten – dazu ist zweifelsohne auch die Kommunikation in Blogs, Foren, oder Social Communities zu zählen – stellt hierbei eine zentrale strategische Option dar.

Li und Bernoff (2008) beschreiben dies als Groundswell-Phänomen. Durch die Möglichkeit der Vernetztheit aller entsteht demnach ein Druck auf Musikinternehmen, der mit der stetigen Ausweitung der Web 2.0-Einrichtungen[33] weiter zunimmt. Denn Konsumenten geben

---

[33] Als Web 2.0-Einrichtungen werden Internetplattformen verstanden, die den Nutzern die Bereitstellung von Inhalten ermöglichen sowie eine Vernetzung mit anderen Nutzern.

nun den Ton an und können bspw. durch Blogeinträge die Intentionen oder die Reputation eines Unternehmens gefährden (Li & Bernoff, 2008, S. 5). Positiv betrachtet kann die Einbeziehung des Konsumenten aber auch förderlich sein. Vielmehr entsteht durch die Berücksichtigung ohnehin vorhandener Kommunikations- und Kreationsaktivitäten ein enormes Potenzial, das Musikunternehmen zu ihrem Vorteil nutzen können (Li & Bernoff, 2008, S. 83).

Für Label, die auch im Zeitalter der Digitalisierung zu den Gewinnern zählen wollen, ist es notwendig, sich dieses Phänomen zu Nutze zu machen (Li & Bernoff, 2008, S. 182). Dafür ist die Einbeziehung der Konsumenten in das strategische Denken und Handeln, ihre Integration in die Wertschöpfung unabdingbar. Ein Ansatz diesbezüglich könnte beispielsweise die Beobachtung der beliebtesten Künstler oder Musikgenres auf Portalen wie MySpace und YouTube, aber auch bei Last FM sein, um diese dann für sich zu gewinnen, bzw. dort aktiv zu werden.

Da die künftigen Erwartungen von Konsumenten an Musikunternehmen naturgemäß sehr heterogen sind, müssen sie inhomogen in die Wertschöpfung integriert werden, es müssen also alle abschätzbaren Optionen, was einerseits musikalische Trends, andererseits aber auch Nutzungsgewohnheiten bzw. -anforderungen betrifft, in die zukünftige strategische Planung einer Plattenfirma mit einbezogen werden. Dies resultiert aus den immer individueller werdenden Konsum-, Mediennutzungs- und Lebensstilen. Es findet eine immanente individuelle Verbindung der Konsumenten mit den Wertschöpfungsprozessen statt. Diese sind nicht geordnet und wohl sortiert, sondern netzwerkartig offen. Vielmehr unterliegen sie einem permanentem Wandel der Beziehungsintensität: Die Distanz zwischen Kunden und Kontexten der Wertschöpfung aber auch zu anderen Kunden verringert sich genau so schnell wie sie sich vergrößert. Daraus ergibt sich eine relative Schwierigkeit der Zielgruppendefinition bzw. -erreichbarkeit, welche durch ex post Marktforschung nicht mehr vollständig erfasst werden kann. Stattdessen sollte das Groundswell Phänomen berücksichtigt werden, um die Konsumenten so früh wie möglich abzuholen und sie mit einzubeziehen (Li & Bernoff, 2008, S. 185). Welches Potenzial dabei das Internet für die Musikindustrie hat, zeigen die Key-Facts zur Internetnutzung in Deutschland:

Key-Facts zur Internetnutzung in Deutschland

Etwa zwei Drittel der deutschen erwachsenen Bevölkerung sind derzeit online; was ca. 43 Millionen Personen entspricht. Ungefähr 35 Prozent nutzen Musikdateien, Podcasts oder Internetradios im Netz. Videos oder zeitversetztes Fernsehen werden sogar von über 55 Prozent angeschaut. Diese multimediale Nutzung geht mit der enormen Verbreitung von Breitbandanschlüssen einher: ca. 70 Prozent der Onliner sind mit DSL im Netz unterwegs.

Quelle: ARD / ZDF Online Studie 2008

2.4.2 Das Prinzip N = 1

Ein weiterer Ansatz für die Integration des Konsumenten in die Wertschöpfung der Musikindustrie ist das Prinzip N = 1 von Prahalad und Krishnan (2008). Es beschreibt die Notwendigkeit, dass jeder Konsument individuelle einzigartige Konsumerlebnisse einfach erfahren und intuitiv mitgestalten – i.e. co-kreieren – kann (Prahalad & Krishnan, 2008, S. 28). Die Wertschöpfung verlagert sich also von Produkten (CDs) über Dienstleistungen (Downloads) hin zu Konsumentenerlebnissen (Konzerte) – daher stellt bei diesem Prinzip der individuelle Konsument das Zentrum der Wertschöpfung dar. Das Prinzip N = 1 geht weit über Mass Customization[34] hinaus. Das Verhalten, die Bedürfnisse und die Fähigkeiten eines jeden einzelnen Konsumenten müssen verstanden werden. Nur so kann gemeinsam ein individueller Wertbeitrag geschaffen werden – durch Co-Kreation. Demnach muss das Motto der Zukunft also lauten: Auch Unternehmen der Musikbranche, die Millionen Konsumenten bedienen, müssen bei jeder

---

[34] „Mass Customization" beschreibt die massenhafte Individualisierung von Produkten. Durch Variation von wenigen Produktmerkmalen soll beim Konsumenten der Eindruck entstehen, dass er ein individualisiertes Produkt erhält (Hanisch, 2006, S. 142).

Transaktion auf ein individuelles Konsumentenerlebnis setzen (Prahalad & Krishnan, 2008, S. 4) (Siehe Abbildung 4).

Jedoch darf die Produktqualität nicht darunter leiden, da qualitative Minderwertigkeit vom Konsumenten nicht akzeptiert wird (Prahalad & Krishnan, 2008, S. 29). Die daraus entstehende Komplexität kann nur durch intelligente Informations- und Kommunikationssysteme zusammen mit höchsten Analysefähigkeiten gehandhabt werden (Prahalad & Krishnan, 2008, S. 27). Um aber N = 1 zu realisieren, bedarf es einer einfachen Schnittstelle zwischen Musikunternehmen und Konsumenten.

Abbildung 4: Das Prinzip N = 1

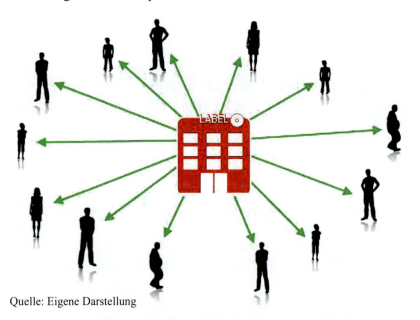

Quelle: Eigene Darstellung

Unternehmen wie eBay und Amazon beispielsweise haben ihre Kernkompetenz nicht im Handel bzw. Verkauf von Waren, sondern in der benutzerfreundlichen, individualisierten Schnittstelle, die den Konsumenten das Kaufen von Dingen ermöglicht. Die Empfehlungsfunktionen stellen dabei eine besondere Kompetenz dar, die der physische

Handel nicht bieten kann (Prahalad & Krishnan, 2008, S. 58). Diese Unternehmen verwenden keine Standard-Software für ihre Geschäftsabläufe, die dabei die Geschäftsmodelle wider spiegeln und vice versa (Prahalad & Krishnan, 2008, S. 59). Die Kapazität, einzelne Konsumenten individuell bedienen zu können, erfordert jedoch die aktive Zusammenarbeit mit ihnen, um ihre Präferenzen verstehen und langfristig vorhersagen bzw. formen zu können (Prahalad & Krishnan, 2008, S. 97). In Abhängigkeit von der individuellen Bereitschaft und den Fähigkeiten der Konsumenten können diese entsprechend an unterschiedlichen Punkten der Wertschöpfung miteinbezogen werden. Die Möglichkeit für Konsumenten persönliche und einzigartige Erfahrungen über den Zugriff zu flexiblen interaktiven globalen Netzwerken zu erleben, muss zum Kern der neuen Wertschöpfungsmöglichkeiten der Musikindustrie werden (Prahalad & Krishnan, 2008, S. 109).

Insbesondere das Internet ist dabei von enormer Bedeutung, betrachtet man die Entwicklung der größten sozialen Netzwerke. My-Space berichtet von über 200 Millionen Nutzern in vier Jahren, Facebook von 47 Millionen in zwei Jahren. Diese kurzen Zeiträume lassen erkennen, dass sich eine schnelle Veränderung vollzieht in Richtung personalisierter, co-kreierter Erlebnisse, die diese Plattformen durch ihre Individualisierbarkeit bieten (Prahalad & Krishnan, 2008, S. 40). Die Musikfirma der Zukunft muss die Konsumenten in den Wertschöpfungsprozess mit einbeziehen und ihnen die Möglichkeit bieten, komplexe Inhalte selbst zusammenzustellen, zu bearbeiten, zu produzieren, zu schaffen und zu verbreiten. In einer allgegenwärtigen Medienumwelt werden Konsumenten verstärkten Einfluss auf die Wertschöpfung haben, weil die Musikunternehmen ihre Aufmerksamkeit auf das Feedback der Konsumenten gerichtet haben, um so die Wertschöpfung zu optimieren (IBM, 2004, S. 17). Technologische Innovationen können dazu führen, dass Konsumenten größere Einflussmöglichkeiten haben, um mit zu entscheiden, was wie und in welcher Form produziert wird (IBM, 2004, S. 20).

2.4.3 Beispiel: Einstürzende Neubauten – Das Supporter Projekt[35]

Die deutsche Band Einstürzende Neubauten setzen den Ansatz der Co-Kreation beinahe lehrbuchartig um. Nachdem ihr Plattenvertrag ausgelaufen war, starteten Einstürzende Neubauten im Jahr 2002 die Arbeit zu einem neuen Album. Auf der Bandwebsite wurden Fans dazu angeregt, sich finanziell an der Produktion zu beteiligen. Als Gegenleistung erhielten sie die fertig gestellte CD. Zusätzlich bekamen sie die Möglichkeit, via Internet der Band bei den Proben und Aufnahmen zuzuschauen und Fragen und Vorschläge vom Songwriting bis zum Artwork des Albums direkt an sie zu richten.

Für 35 US-Dollar konnten die Fans zu Co-Produzenten werden und waren an der Wertschöpfung direkt beteiligt. Das Projekt wurde als „Supporter Projekt" betitelt und das fertig gestellte Album erhielt den Namen „Supporter's Album #1". Dieser Ansatz wird seitdem von der Band weiter geführt. Insgesamt gibt es bis dato vier Alben, die die Band auf diesem Wege veröffentlicht hat.

2.4.4 Beispiel: Angelika Express – Die Angelika Aktie

Ein ähnliches Modell wurde von einer anderen deutschen Band umgesetzt. Angelika Express forderten ihre Fans dazu auf, „...neue Formen des Zusammenspiels zwischen Publikum und Künstler zu etablieren" (Angelika Express, 2008). Mit der Angelika-Aktie[36] bot die Band seinen Fans die Möglichkeit, sich an Produktion, Marketing und Vertrieb des neuen Albums „Goldener Trash" finanziell zu beteiligen. Die Gesamtkosten des Projekts beliefen sich dabei auf 25.000 EUR. Es wurden 500 Anteile zu je 50 EUR ausgegeben, die von Fans erworben werden konnten. Alle Anteilseigner bekamen ein CD-Exemplar des neuen Albums gratis und wurden ab dem ersten Euro Gewinn auch daran beteiligt. Diese Einbeziehung der Konsumenten in den Wertschöpfungsprozess (Crowd-Funding) setzte sich in der Produktion eines Musikvideos fort. In dem Video zu „Dich Gibts Nicht" sind

---

[35] supporter.neubauten.org
[36] www.angelika-express.de/die-angelika-aktie

viele Fans zu sehen, die zu dem Song mimen (Co-Kreation). Diese Integration der Fans kann die Beziehung zur Band nur verstärken und den Grad des Involvement erhöhen. Die daraus resultierende Fan-Bindung ist eine sehr wichtige Grundlage für andere Erlösquellen wie bspw. Merchandise und Konzerte.

2.4.5 Beispiel: Radiohead – In Rainbows[37]

Ein anderes Modell der Co-Kreation wurde von der britischen Band Radiohead Ende 2007 umgesetzt. Radiohead haben ihr neues Album „In Rainbows" auf ihrer Website direkt als Download angeboten. Dabei konnten die Fans den Kaufpreis selbst bestimmen – auch ein Preis von 0,00 Euro war möglich: Co-Kreation über Preispolitik also. Zusätzlich gab es noch die Möglichkeit, zum Festpreis von ca. 50 Euro ein Premium Box Set zu kaufen, das aus zwei CDs, zwei LPs und einem großen Booklet bestand. Dass die Band trotz dieser liberalen Preispolitik dennoch keine Einbußen hat, liegt wohl vor allem daran, dass sie sich über Jahre mit Hilfe ihrer Plattenfirmen und Booking-Agenturen eine riesige Fangemeinde aufgebaut hat. Allein am ersten Veröffentlichungstag wurden 1,2 Millionen Downloads von „In Rainbows" verkauft[38].

2.4.6 Zwischenfazit: Kundenzentrierung und Co-Kreation

Betrachtet man die Möglichkeiten der Co-Kreation, stehen Konsumenten nicht mehr länger am Ende einer linearen Wertschöpfungskette der Musikindustrie, sondern rücken in den Fokus eines Wertschöpfungsnetzwerkes. Diese Fokussierung auf den Endkunden wird erst durch die Voraussetzung der Prozessöffnung und Kooperation, sowie der globalen Ressourcennutzung und der Implementierung neuer Technologien und Nutzungsmodalitäten ermöglicht. Andererseits hat sie auch den Long Tail-Effekt (siehe Kapitel 2.5) zur Folge und kann als Dreh- und Angelpunkt von 360°-Modellen betrachtet werden (siehe Kapitel 2.6.).

---

[37] www.radiohead.com
[38] www.intro.de/news/23045066 Meldung vom 06.11.2007

Digitalisierung und Konnektivität haben den Konsumenten aus seiner Passivität herausgelockt und ermöglichen ihm nun eine Teilhabe am Wertschöpfungsprozess der Musikindustrie, der über die reine Abnahme von Musikprodukten hinausgeht. Der Fan kann mitgestalten und somit zur Wertschöpfung beitragen und muss nicht ein vorgefertigtes Angebot hinnehmen. Durch die Schaffung von einzigartigen Konsumerlebnissen, wie Mitbestimmung beim künstlerischen Schaffensprozess kann der Konsument seine Individualität ausleben, indem er sich aktiv an der Wertschöpfung beteiligt – er wird dadurch zum Co-Produzenten. Damit diese Möglichkeiten von Plattenfirmen genutzt werden können, bedarf es allerdings einer präzisen Planung hinsichtlich der Fanbindung. Bei Newcomern dürfte die Strategie der Co-Kreation nur bedingt funktionieren, weil es noch keine Fanbasis gibt, die mit einbezogen werden kann.

Jedoch besteht genau hier auch eine Chance für die Plattenfirmen: Wenn sie für eine Newcomer Band von Anfang an Konsumenten im Sinne der Co-Kreation mitgestalten lassen, könnten diese im Laufe der Zeit zu Fans werden. Dadurch könnte das finanzielle Risiko für die Investition in unbekannte Künstler reduziert werden und somit Spielraum für mehrere potenzielle Neuentdeckungen auf Seiten der Labels geschaffen werden.

2.5 Perspektive 5: Nischenversorgung (Das Long Tail-Prinzip)

2.5.1 Das Long Tail-Prinzip

Das Long Tail Prinzip bezeichnet eine Eigenschaft von statistischen Verteilungen, die bereits Anfang des 20. Jahrhunderts von Vilfredo Pareto[39] beschrieben wurde: 80 Prozent des Umsatzes werden durch 20 Prozent des Angebotes erzielt (Koch, 1998, S. 15). Das heißt im Umkehrschluss aber auch, dass 20 Prozent des Umsatzes durch 80 Prozent des Angebotes erwirtschaftet werden. Die grafische Darstellung solcher Verteilungen zeigt deutlich, wovon die Bezeichnung „The Long Tail" abgeleitet wurde. Die Annäherung an die Y-Achse stellt den Kopf („Head") der Verteilungs- bzw. Nachfragekurve dar, und die asymptotische Näherung an die X-Achse ähnelt einem langen Schwanz („Long Tail") (siehe Abbildung 5).

Abbildung 5: Das Long Tail Phänomen

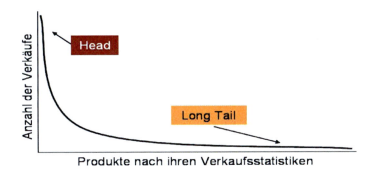

Quelle: in Anlehnung Anderson, 2006, S. 52

---

[39] Pareto untersuchte damals die Verteilung des Volksvermögens in Italien und stellte fest, das 80 Prozent des Vermögens im Besitz von nur 20 Prozent der Familien des Landes sind. Daraufhin lautete seine Empfehlung an die Banken Italiens, sich auf diese Minderheit zu konzentrieren, wenn sie künftig ihre Geschäftslage sichern wollten. Daher wird bei diesem Phänomen auch von einer Pareto Verteilung gesprochen (Koch, 1998, S. 16).

Anderson (2007) bezieht sich in seinem Buch „The Long Tail – Der lange Schwanz. Nischenprodukte statt Massenmarkt – Das Geschäft der Zukunft" insbesondere auf die Musik- und Unterhaltungsindustrie. Anderson charakterisiert darin die Unterhaltungskultur der Vergangenheit als hitorientiert: Ohrwurmmelodien wurden zu Chartbreakern, Kinofilme wurden zu Kassenschlagern und Bücher wurden zu Bestsellern (Anderson, 2007, S. 20). Dabei lag der Fokus bislang auf der Betrachtung der linken Seite der Nachfragekurve (siehe Abbildung 2), auf der eben diese Hits abgetragen wurden[40] (der sog. „Head").

Anderson konstatiert, dass sich nach einer Zeit der Hits im 20. Jahrhundert im 21. Jahrhundert alles um Nischen drehen werde (Anderson, 2007, S. 18). Die Betrachtung des Long Tail stellt daher eine Art Paradigmenwechsel für das Verständnis von Wirtschaftlichkeit auf Seiten der Musikindustrie dar. In einer digitalisierten Welt steht also nicht mehr die Suche nach dem Hit, der die goldene Schallplatte bringt, im Mittelpunkt, sondern das Besetzen von Nischen, welches den Long Tail-Effekt zur Folge haben wird (Kromer, 2008, S. 196).

Deswegen ist es wichtig, sich auf den rechten, viel längeren Teil der Nachfragekurve zu konzentrieren. Hier sind die Produkte abgetragen, die nicht oder nicht mehr als Hits bezeichnet werden können, weil sie jeweils nur verschwindend geringe Verkaufsstatistiken aufweisen. Sie können als Nischenprodukte bezeichnet werden. Da dieser Teil der Nachfragekurve jedoch nahezu unendlich lang ist, muss festgehalten werden, dass eine musikalische Monokultur, also der „Mainstream", nicht die Regel, sondern die Ausnahme ist und die Kumulation von Nischen ein enormes Marktpotenzial hat (Anderson, 2007, S. 31).

Zur Glanzzeit der CD, in den 1990er Jahren, wäre es schwer vorstellbar und nahezu unmöglich gewesen, diesen „langen Schwanz" zum Vorteil für Konsumenten und Anbieter zu nutzen, geschweige denn, ihn zu monetarisieren. Regalplätze sind in einer physischen Welt schließlich begrenzt und daher teuer, weswegen nur rentable Produkte

---

[40] Die Hits zeichnen sich schließlich durch enorm hohe Verkaufszahlen aus.

im physischen Tonträger-Handel geführt werden. Produkte, die sich nicht oder nicht mehr verkaufen, teure Ladenhüter, werden nicht angeboten. Die Angebotsvielfalt im Plattenladen ist folglich begrenzt. Wie also hätten Tonträger, die keine Hits (mehr) und daher nicht (mehr) die Berechtigung für einen Regalplatz hätten (Anderson, 2007, S. 22), vom Konsumenten gefunden bzw. gekauft werden können? Erst die Empfehlungsfunktionen des Onlinehandels ermöglichten eine Ausschöpfung des Long Tail. Erst durch die unbegrenzten Möglichkeiten, die das Internet und die damit verbundene Konnektivität bieten, konnte sich eine Verlagerung von vielen Massenmärkten hin zu Millionen von Nischen – also Einzelmärkten – vollziehen. Ehemals so genannte „Ladenhüter" können demzufolge als Nischenprodukte in ihrer Gesamtheit zu einem signifikanten Teil des Umsatzes beitragen. Für den Konsumenten resultiert daraus der Vorteil einer stetig zunehmenden Angebotsbreite und -tiefe. Theoretisch könnten demnach alle nur denkbaren Musikaufnahmen jederzeit und überall verfügbar sein. Dadurch vollzieht sich für Musikaufnahmen ein Wandel von der Knappheit zum Überfluss (Anderson, 2007, S. 21).

Der Long Tail Effekt ist letztlich nur über das Internet realisierbar, da bei physischer Lagerung aller möglichen Musikprodukte für alle Zeit astronomische Lagerungs- und Logistikkosten anfallen würden.

Insbesondere die unbegrenzte Angebotszunahme muss die Musikfirmen jedoch zu der Frage veranlassen, „auf welchen Wegen und mit welchen Mitteln auditive Aufmerksamkeit bei Konsumenten erzielt werden kann" (Kromer, 2008, S. 207). Denn was nützt die Vergrößerung der Produktauswahl, wenn der Konsument sich einem Überangebot gegenübersieht, in dem er sich nicht zurechtfindet? Dann kann die Nachfrage dem Angebot nicht folgen und der Long Tail fällt in sich zusammen (Anderson, 2007, S. 61).

Am Anfang des Long Tail stehen Millionen von Nischen, deshalb wird er erst bedeutsam, wenn jede einzelne Nische von Konsumenten besetzt wird, die diese Nischen auch wollen. Um das zu erreichen, sind die o. g. Empfehlungssysteme von grundlegender Bedeutung.

Anderson schlussfolgert, dass der Long Tail das Abbild einer Kultur ist, die nicht von wirtschaftlichen Einschränkungen beeinflusst wird (Anderson, 2007, S. 62). Somit ermöglicht dieses Phänomen eine „Superkultur" (Lull, 2002, S. 750), in der auch räumlich und zeitlich weit entfernte kulturelle Versatzstücke jederzeit und überall zur Verfügung stehen. Jeder Konsument kann sich seine eigene musikalische Kultur in Form von individuellen Playlisten, die aus Nischenangeboten zusammengestellt werden, schaffen (vgl. Lull, 2002, S. 754).

2.5.2 Beispiel: Der Download Service Rhapsody

Um den Long Tail zu verdeutlichen untersuchte Anderson (2007, S. 21) das Musikdownloadportal Rhapsody. Bei einer Betrachtung der Verkaufsstatistiken zeigt sich eine Nachfragekurve, die der eines beliebigen Plattenladens ähnelte, so Anderson: Große Nachfrage bei den Hits, bei den weniger beliebten Songs bzw. Alben fällt die Kurve ab.

Allerdings ist diese Kurve bei Rhapsody nahezu unendlich lang. Während im Musikeinzelhandel das Angebot durch Regalfläche begrenzt wird und somit die Anzahl verfügbarer Titel viel geringer ist, als bei einem Downloadanbieter[41], zeigt sich hier enormes Marktpotenzial. Anderson betrachtet die Nachfragekurve von Rhapsody sehr genau. Selbst bei Verkaufsrang 800.000 ist die Nachfragekurve nicht bei null angelangt, obwohl es bei einem anderen Maßstab schon so aussieht, als würde dies bei Verkaufsrang 25.000 der Fall sein (siehe Abbildung 6 bis 8). Nahezu jeder Song verkaufte sich mindestens einmal pro Monat (2007, S. 20).

---

[41] Rhapsody hatte zur Zeit des Vergleichs (2007) ca. 1,5 Millionen Titel im Angebot. Wal Mart, der größte Musikeinzelhändler in Amerika dagegen nur 4.500.

Abbildung 6: Downloads bei Rhapsody (1-25.000)

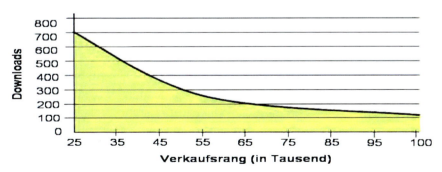

Quelle: Anderson, 2007, S. 22

Allein zwischen den Verkaufsrängen 25.000 und 100.000 werden Songs im Durchschnitt noch immer 250 Mal pro Monat gekauft. Das ergibt in der Summe 22 Millionen Downloads pro Monat (wohlgemerkt: nur für den Bereich zwischen den Verkaufsrängen 25.000 und 100.000). Weiter rechts, wo die Verkaufsränge 100.000 bis 800.000 abgetragen werden, finden immerhin noch 16 Millionen Downloads pro Monat statt. Als einzelne Songs sind diese Verkaufsränge nicht besonders populär, aber weil das Angebot von Rhapsody nahezu unendlich ist, gibt es sehr viele von diesen Songs, die letztlich einen bedeutenden Markt darstellen, den Long Tail.

Abbildung 7: Downloads bei Rhapsody (25.000-100.000)

Quelle: Anderson, 2007, S. 23

Abbildung 8: Downloads bei Rhapsody (100.000-800.000)

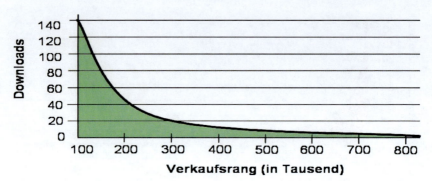

Quelle: Anderson, 2007, S. 24

2.5.3 Proaktive Multi-Channel Distribution

Um diesen Markt der individuellen Nischenkultur auszuschöpfen, schlagen Kaiser und Ringlstetter eine Erweiterung der digitalen Vertriebswege vor: Proaktive Multi-Channel Distribution von multiplem digitalen Content (2008, S. 48). Daher wird empfohlen, auf Tonträger zu verzichten. Stattdessen sollten neue Künstler zunächst vorwiegend digital vertrieben werden, um so das Kostenrisiko der Überproduktion zu minimieren (Kaiser & Ringlstetter, 2008, S. 52) und Mindesterlöse durch das Bedienen von Nischen zu sichern.

Bei erfolgreichen oder bereits etablierten Künstlern hingegen wird eine Anreicherung der Inhalte vorgeschlagen. Dies kann durch kostengünstige Zusatzleistungen geschehen, wie bspw. Konzertmitschnitte, Fotos, Videos, Interviews oder Klingeltöne (Kaiser & Ringlstetter, 2008, S. 54). Am wichtigsten wird jedoch die Ausweitung der Vertriebskanäle Internet und Mobiltelefon sein. Dadurch könnten Plattenfirmen die Direktvertriebsquote erhöhen und somit Kosten im Handelsvertrieb sparen. Musikunternehmen können den Erwartungen und Ansprüchen der Konsumenten nach der Ubiquität von Musik letztlich nur gerecht werden, wenn sie ihre Erreichbarkeit erhöhen, ihr Angebot erweitern und ihre Preise senken (IBM, 2006, S. 14).

Wenn die Musik demzufolge über vielfältige digitale Kanäle vertrieben wird, die jeweils nur einen kleinen Teil des Gesamtabsatzes darstellen, bedarf es kleinster Abrechnungsbausteine, sog. Micro-Billing, die eine Monetarisierung des Long Tail-Effekts realisieren (Prahalad & Krishnan, 2008, S. 176).

2.5.4 Musik wie Wasser[42] – Ein Zukunftsszenario

Wie die Proaktive Multi-Channel Distribution von multiplem digitalen Content konkret aussehen könnte, stellen Kusek und Leonhard in einem Zukunftsszenario für das Jahr 2015 dar, in dem ein Alltag skizziert wird, der durch allgegenwärtige Medienverfügbarkeit und Musiknutzung charakterisiert wird (2004, S. 2-3):

Die Verbreitung von medialen Inhalten – egal ob Musik, Bilder, Videos oder Bücher – wird in Zukunft vornehmlich auf digitalem Wege geschehen. Permanente Konnektivität und modernste Technologien ermöglichen die ubiquitäre Nutzung von medialen Inhalten – eben auch von Musik (Kusek und Leonhard, 2004, S. 26). Der Tag beginnt damit, dass man von vertrauter Musik geweckt wird, die von einer personalisierten Software ausgesucht wurde – natürlich am individuellen Musikgeschmack orientiert. Ebenso individuell adaptiert finden sich im Video-Display des Badezimmer-Spiegels die neuesten Nachrichten aufbereitet. Die morgendliche Dusche wird wieder von Musik begleitet, deren Stream man sich zuvor genau für diesen Moment mittels der alltagsbegleitenden All-In-One Media-Software vorgemerkt hat. Allerdings handelt es sich hierbei nicht um den neuesten Chartbreaker, sondern um eine selbst entdeckte Rarität. Auf dem Weg zur Arbeit fragt die Software automatisch nach, ob das gestern begonnene Hörbuch jetzt weiter vorgelesen werden soll – dies geschieht über Mini-Kopfhörer, die in die permanent getragene Videobrille integriert sind (Kusek und Leonhard, 2004, S. 2)

---

[42] Der Name dieses Konzepts ist auf einen Artikel über David Bowie in der New York Times vom 09. Juni 2002 ("David Bowie, 21st-Century Entrepreneur" von Jon Pareles) zurückzuführen. Dort wird Bowie zur Zukunft der Musik so zitiert: „Music itself is going to become like running water".

Im Laufe des Tages tritt man über dieses Headset zu Freunden in Kontakt, tauscht Informationen und Musik aus. Auf dem Nachhauseweg erhält man die neuesten Nachrichten über das interaktive 3D-Video-Display in der Brille oder entspannt sich zu seinem Lieblingsmusikvideo, was von der Software auch als solches gekannt wird. Zu Hause wir man von Musik begleitet Musik, die aus Lautsprechersystemen in ganzen Haus erschallt, je nachdem, in welchem Raum man sich gerade aufhält.

Man ist permanent und überall mit Musik und anderen medialen Inhalten versorgt ohne technische Limitationen. Totale Interoperabilität ist längst zum Standard geworden und Nutzungsrestriktionen gibt es nicht mehr (Kusek und Leonhard, 2004, S. 3).

Über die verschiedensten Kanäle – heute Internet und Handys, in Zukunft vielleicht das immer vernetzte Headset als Konvergenzendgerät – wird Musik vertrieben. Musik ist dann wie Wasser überall und jederzeit ohne großen Aufwand per Knopfdruck verfügbar. Wie bei Telefon- oder Internetnutzung (heute) wird es künftig verschiedene Bezahlmodelle für eine unbegrenzte Musik- und Mediennutzung geben: Von Pay-Per-Use bis zur Flatrate. Es wird ein monatlicher Betrag fällig, der genau wie eine Strom- oder Wasserrechnung bezahlt wird, nur mit dem Unterschied, dass das Entertainment-Paket viel günstiger ist (Kusek und Leonhard, 2004, S. 4). Musik-Abo-Modelle werden bereits von Napster[43] und Musicload[44] angeboten, diese sind aber noch nicht frei von Nutzungsrestriktionen, also noch nicht vollständig interoperabel.

---

[43] http://napster.de/product_info.html - „Napster Flatrate"
[44] http://www.musicload.de/abostart.ml - „Musicload Nonstop"

2.5.5 Zwischenfazit: Nischenversorgung

Die Empfehlungsfunktionen bei Amazon und iTunes aber auch bei Last.FM führen zu einer Veränderung der Nachfragekurve von Musikaufnahmen. Die lokale Ungebundenheit und die logistische Unabhängigkeit von Online-Händlern wie Amazon und iTunes haben dazu geführt, dass theoretisch alle nur denkbaren musikalischen Veröffentlichungen zu jeder Zeit an jedem Ort verfügbar sind. Das Long Tail Prinzip geht davon aus, dass 80 Prozent des Gesamtumsatzes mit nur 20 Prozent des Angebotes erzielt werden. Das bedeutet aber auch, dass die Kumulation einzelner Nischen-Produkte mit geringem Umsatz einen erheblichen Teil des gesamten Umsatzes ausmacht, nämlich 20 Prozent. Diese Perspektive ist deshalb wichtig, weil sie in einer Kultur der Hits das Verständnis von Wirtschaftlichkeit auf den Kopf stellt. Die Multi-Channel Distribution digitaler Inhalte reizt das Long-Tail Phänomen noch weiter aus, weil es sich auf den kompletten Alltag von Konsumenten erstreckt und somit wahre Ubiquität von Musik und anderen Inhalten ermöglicht – Musik wie Wasser eben. Der Long Tail wird verbreitet, wenn immer mehr Menschen sich ihres Musikgeschmacks bewusst werden und diesen auch ausleben können. Hier liegt also ein enormes Potenzial für die Musikbranche, neue Erlösquellen zu erschließen, die auf kleinstteilgen Einheiten basieren.

2.6 Perspektive 6: Plattenfirmen als Full-Service-Institutionen

2.6.1 Die Quadratur des Kreises – Das 360°-Modell

Über Jahrzehnte war der Tonträger Sinnbild der Musikindustrie und Zentrum ihres Wertschöpfungsinteresses. Andere potenzielle Wertschöpfungsmöglichkeiten und Erlösquellen wurden dagegen nahezu ausgegrenzt bzw. ignoriert. Die Tonträgerindustrie hat aber seit 1998 mit erheblichen Absatz- und Umsatzrückgängen zu kämpfen (siehe Kapitel 1: Der Wandel der Musikindustrie). Als Reaktion auf diese Rückläufigkeit im Geschäft mit Tonträgern wird nun vielfältig gefordert, an den Erlösquellen von Künstlern wie Konzerte, Merchandising,

Tantiemen oder Werbung zu partizipieren (Kromer, 2008, S. 216). Diese Partizipation auf Seiten der Plattenfirmen durch die Sicherung entsprechender multipler Rechte wird als 360-Modell bezeichnet (siehe Abbildung 9). Für die Musikindustrie stellt es eine Erweiterung der klassischen Wertschöpfungsmöglichkeiten dar, die sich anhand der Aktivitäten rund um Musik ergeben (Kromer, 2008, S. 197). Dafür müssen Plattenfirmen neue Kompetenzen aufbauen und die Organisation und Koordination aller künstlerbegleitenden Aktivitäten übernehmen.

Abbildung 9: Das 360°-Modell der Musikindustrie

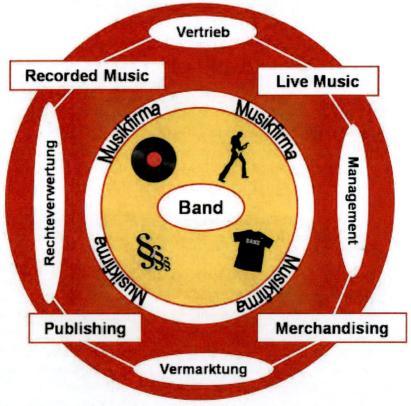

Quelle: Eigene Darstellung

Basis dafür ist allerdings ein jeweiliges Verständnis für die Gegensei-
te: Der Künstler muss akzeptieren, dass die Plattenfirma mitverant-
wortlich für potenziellen Erfolg ist, da sie ihn durch Marketing und
Promotion-Aktivitäten, die finanziellen Aufwand darstellen, einem
breiten Publikum bekannt macht. Die Plattenfirma auf der anderen
Seite muss anerkennen, dass der Aufbau von Popularität eines Künst-
lers langfristig und nachhaltig angelegt sein sollte und somit unter
Umständen Geduld notwendig ist (IFPI, 2008, S. 14), bis sich 360°-
Engagements rentieren. Friedrichsen et al. (2004, S. 160) bezeichnen
Konzerte, Videos, Merchandising und Werbung als Bestandteil eines
Künstlerimages. Die 360-Konfigurationen sollten aber nicht nur zur
Positionierung des Künstlers, sondern auch als Erlösquellen verstan-
den werden.

Die Implementierung von sog. One-Stop-Shops wie bspw. Get Music[45] von Universal Music für den australischen Markt stellt einen
Schritt in Richtung 360°-Versorgung für den Konsumenten dar. Hier
können die Fans nicht nur Musik downloaden, sondern auch Merchandising und Tickets kaufen. Universal Music tritt somit nach außen
als Rundumversorger für den Konsumten auf. Die Plattenfirma wird
im 360°-Modell zu einer Full Service-Institution – sowohl für den
Künstler als auch für den Konsumenten. Für Plattenfirmen entsteht
aus der antizipierten Notwendigkeit der Rundumversorgung die Herausforderung, die damit verbundenen Aufgaben in ihre Geschäftsabläufe zu integrieren. Dies kann entweder durch Kooperationen mit
anderen Unternehmen oder durch den internen Aufbau von geforder-
ten Kompetenzen geschehen. Ein Weg, das 360°-Modell zumindest
teilweise zu integrieren, ist das sog. Proaktive Artist Relationship Management.

---

[45] www.getmusic.com.au

2.6.2 Proaktives Artist Relationship Management

Kaiser und Ringlstetter schlagen das Konzept des Proaktiven Artist Relationship Managements vor (2008, S. 48). Es zielt darauf ab, die emotionale Verbundenheit zwischen Fans und Künstlern zu nutzen. Um den Wertbeitrag eines einzelnen Künstlers so hoch wie möglich zu halten, ist demnach eine längerfristige Bindung zwischen Plattenfirma und Künstler notwendig. Das Konzept verbindet Lizenzgeschäfte mit allen anderen Wertschöpfungsaktivitäten, was dazu führt, dass professionelles Rechtemanagement zu einer Kernkompetenz von Musikfirmen werden muss (Kaiser & Ringlstetter, 2008, S. 50; siehe Abbildung 9).

Um die langfristige Investition in den Künstleraufbau zu amortisieren, bietet sich entsprechend eine umfassende rechtliche Bindung zwischen Künstler und Label an, was den Plattenfirmen auch Einkünfte aus Erlösquellen wie Konzert- oder Merchandisingeinnahmen sichert. Ein professionalisiertes Artist Relationship Management geht dabei über die reine Talentsuche hinaus und umfasst auch Künstler- bzw. Talententwicklung (Kaiser & Ringlstetter, 2008, S. 47). In ihren Grundzügen ist diese Idee also eine Umsetzungsform des 360°-Modells. Renner sieht aber genau dort die Chancen für das Musikbusiness von morgen: „Im Management liegen die Ursprünge der Musikindustrie. Künstlermanager gibt es schon so lange, wie mit Musik Geld verdient wird, und es wird sie auch noch genau so lange geben" (Renner, 2004, S. 275).

2.6.3 Band As Brand – Aus Künstlern werden Marken

Eine weitere Erlösquelle aus Lizenzen kann entstehen, wenn Künstler zu Marken aufgebaut werden. Ein prominentes Beispiel dafür ist „Hannah Montana". Die Schauspielerin und Sängerin Miley Cyrus spielt „Hannah Montana" in der gleichnamigen Disney-Serie, zu der es auch einen Kinofilm gegeben hat[46]. Der Name der (fiktiven) Sängerin ist durch die Serie zum Markenname geworden, der neben Musik auch für Fernseh- und Kinounterhaltung steht. Hinzu kommen viele

---

[46] www.hannahmontana-music.de

zielgruppengerechte Merchandise-Artikel. Frahm sieht gerade im Aufbau von Künstlern als Marke eine wichtige Maßnahme, um den 360°-Ansatz effektiv zu realisieren (Frahm, 2007, S. 113). Denn durch vielfältige Lizenzvergaben, bspw. an Markenartikler zur Herstellung von Merchandise-Artikeln oder an Filmstudios zur Filmprouktion, entstehen zusätzliche Erlösquellen, die eine möglichst großes Wertschöpfungsnetzwerk entstehen lassen. Die potenziellen Lizenzeinnahmen stehen dabei immer im Verhältnis zur Bekanntheit des Künstlers und der von ihm verkörperten Marke.

2.6.4 Zwischenfazit: Plattenfirmen als Full-Service-Institutionen

Der Begriff Plattenfirma hat sich in der zweiten Hälfte des letzten Jahrhunderts etabliert. Wie aber schon in der Beschreibung der ersten Perspektive (Prozessöffnung und Kooperationen) ersichtlich wurde, ist die Öffnung der Wertschöpfungsprozesse durch Kooperationen darauf ausgerichtet, mehr als nur Plattenfirma zu sein. Künstler und Bands spielen ohnehin Konzerte und verkaufen dort Merchandise-Artikel. Warum also sollten – wie insbesondere von der Veranstaltungsbranche gefordert – Plattenfirmen sich nicht zur zentralen Schnittstelle für alle Aktivitäten ihrer Künstler und Bands wandeln? Hier bietet sich eine neue inhomogene Integration der verschiedenen Erlösquellen durch Beteiligungen beider Seiten, der Künstler und der Plattenfirma, die über Konzerte und Merchandise hinausgehen. Eine Rundumversorgung von Künstlern und Bands muss angestrebt werden. Diese 360°-Modelle können aber auch vice versa auf die Versorgung des Konsumenten angewandt werden. Wenn alle möglichen Aktivitäten einer Band oder eines Künstlers durch die Plattenfirma koordiniert werden, bieten sich auch entsprechend mehr Schnittstellen zu den Konsumenten, als über den Verkauf von Tonträgern oder Downloads.

2.7 Fazit der theoretischen Betrachtung

Die erste Forschungsfrage „Welche neuen Wertschöpfungsmöglichkeiten gibt es für Plattenfirmen?" kann anhand der theoretischen Betrachtungen zunächst beantwortet werden. Neue Möglichkeiten der Wertschöpfung bieten sich für Plattenfirmen in verschiedensten Bereichen, die hier als Wertschöpfungsperspektiven beschrieben wurden. Zunächst zeigt sich vor dem Hintergrund der T.I.M.E.S.-Konvergenz eine Möglichkeit in der Öffnung der Wertschöpfungsprozesse durch Kooperationen mit Unternehmen aus den Branchen Telekommunikation, Informationstechnologie, Medien, Unterhaltung und Datensicherheit. Diese Kooperationen können durch den Zugriff auf globale Ressourcen (R = G) verwirklicht werden.

Eine weitere Perspektive für neue Wertschöpfungsmöglichkeiten der Branche stellt sich durch die Erschließung neuer Märkte dar. Die Musikbranche kann durch die Schaffung von blauen Ozeanen neues Erlöspotenzial freisetzen, das ihr bisher nicht zugänglich war. Dies können bspw. neue Absatzwege oder neue Produkte sein, aber auch neue Nutzungsmöglichkeiten. Insbesondere in der mobilen und kostenlosen Musiknutzung liegt großes Potenzial. Die klassische Wertschöpfung der Musikindustrie kann als ein linearer Prozess verstanden werden, an dessen Ende der Konsument steht. Er wird sozusagen von der Wertschöpfung ausgegrenzt. Daher resultiert aus der Einbeziehung des Konsumenten in die Wertschöpfung eine weitere Möglichkeit. Der Konsument muss dafür in den Mittelpunkt der Aktivitäten von Plattenfirmen rücken. Erst in der individuellen Kommunikation mit dem Konsumenten (N = 1) findet diese Fokussierung ihren Höhepunkt. Denn schließlich hat jeder Konsument, jeder Mensch einen anderen musikalischen Anspruch. Im Internet werden auf Grund der „unbegrenzten Regalfläche" für jeden Geschmack Angebote bereitgestellt, die noch so ausgefallen oder antiquiert sein mögen. Da es dort keine ausverkauften Tonträger geben wird, ist zu jeder Zeit jeder Song oder jedes Album verfügbar. Auch wenn einzelne Produkte sich im Laufe der Zeit so gut wie gar nicht mehr verkaufen, so ist doch in der Summe dieser Nischenprodukte ein enormes Marktpotenzial zu sehen. Die Musikindustrie kann also das Internet insbesondere für ihre Back-

Kataloge nutzen, die im physischen Handel keine Berücksichtigung mehr finden. Das Long Tail-Phänomen bietet der Musikbranche somit eine langfristige Perspektive.

Das 360°-Modell gibt der Musikbranche neue, zusätzliche Standbeine. Neben dem Tonträgergeschäft, das noch für den Löwenanteil der Einnahmen von Plattenfirmen verantwortlich ist, sieht dieses Modell vor, die „anderen" Musikmärkte, also Live-Musik, Merchandising und Musikverlagswesen, auch zu betreten. Dadurch können weitere Erlösquellen erschlossen und neue Wertschöpfungsmöglichkeiten umgesetzt werden.

Diese neuen Wertschöpfungsmöglichkeiten sind nicht allumfassend und allgemeingültig, d. h. auf alle Plattenfirmen zu übertragen. Dennoch bieten die hier vorgestellten wichtigen theoretischen Ansätze einen großen Literatur- und Theorieüberblick, den es in Bezug auf die neuen Wertschöpfungsmöglichkeiten auch dringend bedarf. Im Folgenden werden diese Ansätze auf ihre Implementierung in der Praxis untersucht. Um die zweite Forschungsfrage „Wie nutzen Plattenfirmen die neuen Wertschöpfungsmöglichkeiten?" zu beantworten, wird zunächst das methodische Vorgehen beschrieben, dann die Ergebnisse dargestellt und diskutiert sowie abschließend ein Fazit gezogen.

3. Die neuen Wertschöpfungsmöglichkeiten auf dem Prüfstand

Vorstehend wurde eine theoretische Betrachtung der neuen Wertschöpfungsmöglichkeiten der Musikindustrie vorgenommen. Im folgenden Kapitel soll beschrieben werden, wie überprüft wird, welche der theoretischen Ansätze in der Praxis wie umgesetzt werden.

3.1 Wahl der Erhebungsmethode: Das Experteninterview

Das Experteninterview bietet sich für diese Untersuchung als ideales Instrument der Datenerhebung an, weil das Forschungsinteresse die Überprüfung von Wissensbeständen über die Implementierung und die Kontrolle von theoretischen Problemlösungen in der Praxis der Musikbranche ist (vgl. Pfadenhauer, 2007, S. 452). Denn die Forschungsfragen lauten:

1. Welche neuen Wertschöpfungsmöglichkeiten gibt es für Plattenfirmen?

2. Wie nutzen Plattenfirmen die neuen Wertschöpfungsmöglichkeiten?

Die eingangs vorgenommene theoretische Betrachtung soll also anhand der tatsächlichen Implementierung in der Praxis überprüft werden. Dazu ist es notwendig, explizites Wissen von Experten aus der Musikbranche zu rekonstruieren. Jenes Wissen also, das als solches artikuliert werden kann, weil es erlernbar ist (Pfadenhauer, 2007, S. 451). Experten verfügen dabei über einen Überblick des auf ihrem Gebiet relevanten Wissens, das für Problemlösungen notwendig ist (Pfadenhauer, 2007, S. 452). Insbesondere für die Einschätzung nach der Umsetzbarkeit der vorgebrachten neuen Ansätze ist dieses Expertenwissen besonders wichtig.

Definition Experten und Experteninterviews:

„Experten sind Menschen, die ein besonderes Wissen über soziale Sachverhalte besitzen, und Experteninterviews sind eine Methode, dieses Wissen zu erschließen."

(Gläser & Laudel, 2008, S.10)

Experten stellen dabei das Medium dar, um an bestimmte Informationen zu gelangen und sind daher nicht das Untersuchungsobjekt selbst, sondern Zeugen der interessierenden Prozesse. Sie sind auf Grund ihrer beruflichen Stellung in Organisationen bzw. Unternehmen zu Experten geworden (Gläser & Laudel, 2008, S. 10).

Das Experteninterview ist eine Form des Leitfadeninterviews. Dieses ist eine nicht standardisierte Variante des Interviews, bei dem eine vorbereitete Liste mit offenen Fragen dem Forscher als Gesprächsgrundlage dient (der Leitfaden).

Als Form der Erhebung ist sie einzusetzen, wenn mehrere Themenbereiche von Interesse sind, die nicht durch die Antworten des Interviewpartners, sondern durch die Untersuchungsanlage festgelegt werden, und wenn spezifische, einzelne Informationen erhoben werden müssen (Gläser & Laudel, 2008, S. 107). Diese Voraussetzungen sind bei dieser Untersuchung erfüllt. Die verschiedenen Wertschöpfungsperspektiven der Musikindustrie stellen unterschiedliche Themenbereiche dar, die sehr spezifisch betrachtet werden sollen. Für diese Untersuchung sind die Experten also im Management von Plattenfirmen vorzufinden.

3.1.1 Die Interviewsituation
Experten- bzw. Leitfadeninterviews ähneln in ihrer Form einem normalen alltäglichen Gespräch, anders als standardisierte Befragungen.

Bei der Durchführung von Experteninterviews muss jedoch stets beachtet werden, dass der Gesprächspartner eine ihm möglichst vertraute Kommunikationssituation vorfindet (Pfadenhauer, 2007, S. 453). Die größte Problematik bei einem Interview resultiert nämlich aus den unterschiedlichen sozialen Kontexten der Beteiligten. Der Interview-partner befindet sich in einer anderen Lebenswelt, insbesondere einer anderen beruflichen Welt. Sein Alltag ist von anderem Wissen, von anderen Beobachtungen und Handlungen geprägt und sein Sprach-schatz unterscheidet sich von dem des Forschers. Die Gesprächssitua-tion mit einem Experten ist also neben der thematischen Fokussierung schließlich durch den Gebrauch von Fachbegriffen und indexikalen Redeweisen sowie kommunikativer Idiosynkrasien gekennzeichnet (Gläser & Laudel, 2008, S. 108). Deshalb besteht die Herausforderung darin, das Erkenntnisinteresse an den professionellen Kontext des Experten anzupassen. Das erfordert neben der Konstruktion eines entsprechenden Leitfadens (siehe Kapitel 3.) eine „permanente spon-tane Operationalisierung" (Pfadenhauer, 2007, S. 455).

Denn die Operationalisierung für qualitative Interviews ist kaum durch methodische Regeln unterstützt (Gläser & Laudel, 2008, S. 108), daher wird der Leitfaden strikt an den theoretischen Vorüberle-gungen orientiert. Ein leitfadengestüztes Experteninterview zu führen, bedarf also der Planung eines komplexen Kommunikationsprozesses, der an den Kontext des Befragten angepasst ist, damit möglichst viele Informationen, die von Interesse sind, erbracht werden können (Gläser & Laudel, 2008, S. 110).

3.2 Der Leitfaden

Die in Kapitel 2 (Neue Wertschöpfungsmöglichkeiten der Musikin-dustrie) beschriebenen Wertschöpfungsperspektiven finden sich als Themenblöcke bzw. Leitfragen im Leitfaden wieder. Sie sind jeweils mit Detailfragen versehen, die gestellt werden, wenn die Leitfragen nicht als Erzählanregung ausreichen, bzw. wenn die Antworten der Befragten thematisch zu sehr von den Leitfragen abweichen. Der voll-ständige Leitfaden inklusive Vorspann ist im Anhang zu finden.

3.2.1 Durchführung eines Pre-Tests

Der Leitfaden für Experteninterviews hat mit dem standardisierten Fragebogen gemein, dass er zunächst nur ein Erhebungsinstrument ist, das auf ungeprüfte Annahmen über den Untersuchungsgegenstand trifft (Gläser & Laudel, 2008, S. 145). Bei der vorliegenden Untersuchungsanlage ist dies ohnehin der Fall, da die Interviews – und damit der Leitfaden – zur Überprüfung von theoretischen Ansätzen und ihrer Implementierung in der Praxis dienen. Deshalb ist es wichtig, einen Pre-Test durchzuführen (vgl. Gläser & Laudel, 2008, S. 146). Im Rahmen dieser Arbeit wurde dafür ein Probe-Interview mit einem Marketing-Manager eines Indielabels durchgeführt. Anschließend wurde gemeinsam über den Leitfaden gesprochen und mögliche Optimierungsvorschläge und -Ansätze erarbeitet. Diese betrafen dabei weniger den Aufbau des Leitfadens, sondern vorwiegend einzelne Frageformulierungen. Insgesamt stellte sich heraus, dass der Vorspann klarer formuliert werden sollte und der Einstieg in das Interview etwas holprig erschien, weil die richtige „Aufwärmfrage" noch nicht gefunden war. Die Länge des Interviews erwies sich mit ca. 45 Minuten als angemessen und richtig eingeschätzt.

3.2.2 Auswahl von Interviewpartnern

Bei qualitativen Interviews sollten stets mehrere Interviewpartner zu Rate gezogen werden, denn nur so können Informationsverluste ggf. ausgeglichen werden. Diese Triangulation hilft dabei, ein möglichst breites Informationsspektrum zu erreichen, da alle Aspekte aus verschiedenen Blickwinkeln, also in diesem Fall von verschiedenen Plattenfirmen, betrachtet werden (vgl. Gläser und Laudel, 2008, S. 113). Die Verfügbarkeit und Kooperationsbereitschaft potenzieller Interviewpartner hängt allerdings von vielen externen Faktoren, wie bspw. der Arbeitsbelastung ab (Gläser & Laudel, 2008, S. 113).

3.2.3 Rekrutierung der Experten

Um die Experten von Plattenfirmen zu rekrutieren, muss zunächst eine Auswahl an potenziellen Labels getroffen werden, die idealerweise als Abbild des deutschen Musikmarktes verstanden werden kann. Dabei wurde eine Verteilung nach Genres entsprechend der Marktanteile angestrebt (siehe Abbildung 10: Marktanteile nach Genres). Die Genres Pop (35 Prozent) und Rock (20 Prozent) haben die größten Marktanteile. Aber auch Klassik und Schlager (beide 8 Prozent) stellen einen großen Teil des Absatzmarktes dar. Die Repertoiresegmente Dance, Volksmusik und Jazz stellen einen vergleichsweise geringen Anteil dar und können daher vernachlässigt werden.

Abbildung 10: Marktanteile nach Genres

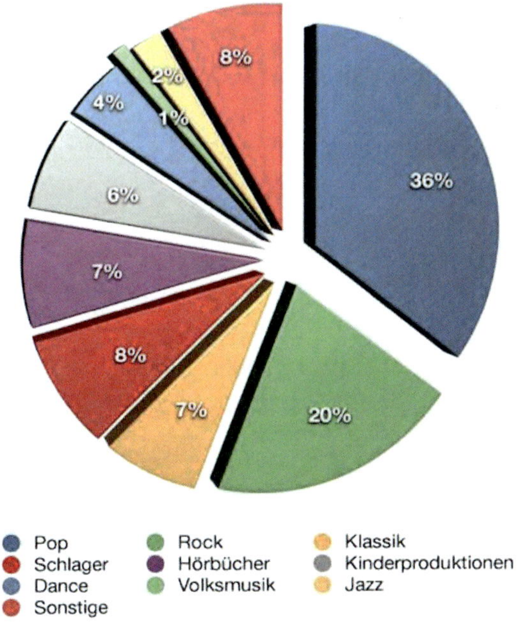

Quelle: BV Musikindustrie, 2008, S. 47

Neben den Major Labels, die musikalisch genreübergreifend aufgestellt sind, sollten Independent Labels, die sich auf spezielle Genres spezialisiert haben, mit in das Sample einbezogen werden. Entsprechend der Marktanteile der Genres wurden die offiziellen deutschen Charts im Hinblick auf das Vertretensein von Independent Labels (nach Genres) betrachtet[47]. Alle Independent Labels, die Künstler aus den Charts[48] veröffentlicht haben, wurden als potenzielle Gesprächspartner ausgewählt. Die Adress- und Kontaktdaten wurden anschließend via Internetrecherche ermittelt. Dabei stellte sich heraus, dass einige Labels bereits nicht mehr existierten. Sämtliche Labels wurden via E-Mail bzw. wo möglich telefonisch kontaktiert. Dabei wurde das Vorhaben dieser Studie kurz umrissen und um Unterstützung durch Teilnahme an Experteninterviews gebeten. Leider musste im Rahmen der Rekrutierung festgestellt werden, dass das Interesse an wissenschaftlicher Forschung auf Seiten der Labels allgemein nicht sehr groß ist. Bei sehr kleinen Labels (mit nur einem oder zwei Mitarbeitern) wurde hingegen oft aus Gründen mangelnder Kapazität abgelehnt[49]. Die Rekrutierung gestaltete sich somit als äußerst schwierig, weshalb das Sample auch nicht das angestrebte Abbild der Musikindustrie umfasst. Eine höhere Kooperationsbereitschaft auf Seiten der Plattenfirmen wäre wünschenswert gewesen.

3.3 Das Sample

Die letztlich erhaltene Stichprobe umfasst sieben Experten: drei von Major Labels, vier von Independent Labels. Tabelle 2 zeigt eine Übersicht über die Positionen der Experten, die zu einer Teilnahme an einem Interview bereit waren.

Die Majorlabels sind nicht näher einzugrenzen, da sie sich sowohl in ihrer Struktur als auch in ihrer Größe (Anzahl der Mitarbeiter und Veröffentlichungen pro Jahr) um ein vielfaches von den Independent Labels unterscheiden und auf Grund ihrer musikalisch breiten und vergleichbaren Orientierung in sich eine relativ homogene Gruppe

---

[47] Da die Charts ein Abbild der Marktanteile der einzelnen Labels darstellen, kann davon ausgegangen werden, dass die dort vertretenen Labels auch eine gewisse marktliche Relevanz haben.

[48] Folgende Media Control Charts wurden betrachtet: Album Jahrescharts 2007, Single Jahrescharts 2007, Klassik Jahrescharts 2004-2006 und Schlager Jahrescharts 2004-2006.

[49] Sogar eines der vier Majorlabels hat aus Gründen mangelnder personeller Ressourcen abgelehnt.

bilden. Die Independent Labels hingegen werden anhand der o. g. Kriterien in Tabelle 3 näher bestimmt. Die Independent Labels B, C, und D ähneln sich zwar in ihrer Größe, aber sie haben sich jeweils auf verschiedene Nischen der Segmente Pop bzw. Rock spezialisiert.

Tabelle 2: Übersicht Experteninterviews

Art des Labels	Position des Experten
Major Label A	Director Business Development
Major Label B	Senior Manager Business Development
Major Label C	Head of Strategic Planning
Independent Label A	Head of New Media
Independent Label B	Geschäftsführer
Independent Label C	Geschäftsführer
Independent Label D	Geschäftsführer

Quelle: Eigene Darstellung

Tabelle 3: Übersicht Independent Labels

Label	Mitarbeiter	VÖ pro Jahr
Independent Label A	105	> 50
Independent Label B	7	4
Independent Label C	6	5
Independent Label D	8	15-20

Quelle: Informationen durch die Experten

4. Ergebnisse und Analyse

Die Transkripte der Experteninterviews wurden einer qualitativen Inhaltsanalyse unterzogen. Die dadurch gewonnen Erkenntnisse werden in diesem Kapitel dargestellt. Die Struktur der Erkenntnisdarstellung orientiert sich eng an den theoretischen Vorüberlegungen (aus Kapitel 2. Neue Wertschöpfungsmöglichkeiten der Musikindustrie). Deshalb sei an dieser Stelle noch einmal ein Überblick über die Wertschöpfungsperspektiven gegeben.

Tabelle 4: Wertschöpfungsperspektiven

Nr.	Perspektive	Theoretische Basis
1	Prozessöffnung und Kooperationen	T.I.M.E.S.-Konvergenz
2	Nutzung von globalen Ressourcen	R = G-Konzept
3	Implementierung von Technologie- und Nutzeninnovationen	Blue Ocean Strategy
4	Kundenzentrierung und Co-Kreation	N = 1-Konzept
5	Nischenversorgung	Das Long Tail-Prinzip
6	Plattenfirmen als Full-Service-Institutionen	360°- Modelle

Quelle: Eigene Darstellung

Die im folgenden dargestellten Ergebnisse sind mitunter auf einzelne Aussagen zurückzuführen, die entsprechend angeführt werden. (Die Quellenverweise bei den jeweiligen Aussagen beziehen sich auf die Originaltranskripte der Interviews. Diese sind aus Gründen der Vertraulichkeit nicht in diesem Buch veröffentlicht.) Es konnte jedoch oft festgestellt werden, dass sich die verschiedenen Experten unbewusst gegenseitig ergänzten und somit den Erkenntnisertrag erhöhen konn-

ten. Es handelt sich bei den Ergebnissen also nicht um eine Bestands-
aufnahme implementierter neuer Erlösquellen der gesamten Musikindustrie, sondern um eine Momentaufnahme, die exemplarisch – jedoch keinesfalls repräsentativ – für die Situation von Plattenfirmen
steht. Diese Aufarbeitung soll einen Ausblick in die zukünftige Ausrichtung eben dieser Musikunternehmen geben.

4.1 Ergebnisse Perspektive 1: Prozessöffnung und Kooperationen

Kooperationen mit branchenfremden Unternehmen finden schon seit
längerer Zeit statt, stellen also eigentlich keinen neuen Ansatz dar.
Das Neue daran ist die Zusammenarbeit mit T.I.M.E.S.-Unternehmen,
früher wurde eher mit Markenartiklern (Coca Cola Sammeldosen in
den 1990ern, Der Golf Bon Jovi, usf.) als Partner agiert. Allerdings
handelte es sich in der Vergangenheit überwiegend um Marketing-
Kooperationen bei denen die Produkte von Markenartiklern selbst mit
vermarktet wurden bzw. die Musik oder ein spezieller Künstler nur
Beiwerk bzw. Namensgeber war. Heute wären als Beispiel für Marke-
ting-Kooperationen mit T.I.M.E.S.-Unternehmen gemeinsame Wer-
bekampagnen zu nennen: Bannerwerbung für *Mando Diao* mit einem
musicload.de Logo und Link, oder eine MP3.de Plakatierung in Groß-
städten für das neue *Franz Ferdinand* Album. Andere Beispiele für
eine Kooperation mit T.I.M.E.S.-Unternehmen sind gemeinsame Ver-
anstaltungen von bspw. Apple bzw. T-Mobile und Plattenfirmen. Dies
können Konzerte in Shops der Anbieter sein, oder aber gemeinsame
Kurztourneen, bei denen das Label seinen Künstler einem Publikum
präsentieren und die Kooperationspartner das Image des Künstlers auf
seine Produkte transferieren kann. Prinzipiell bieten sich Kooperationen überall da an, wo Musik abgespielt werden kann – durch Vorin-
stallation auf Geräten wie bspw. Autoradios, MP3-Player oder Handys. Der Fokus der Prozessöffnung liegt dabei auf der Zusammenarbeit mit Mobilfunkanbietern, also sowohl mit Handyherstellern als
auch mit Netz-Providern. Diese Kooperation liegt nahe, weil die Anbieter Musik als Content für die Kundenakquise einsetzen wollen.

4.1.1 Kooperationen mit Web 2.0-Communities

Social Communities (insbesondere MySpace und Last.FM) werden genutzt, um Profile für Künstler anzulegen und Konsumenten Inhalte zur Verfügung zu stellen. Denn das ist die Grundvoraussetzung, um auch finanziell daran partizipieren zu können. Anfangs wurden diese Engagements nur als Promotion-Tool verstanden, inzwischen werden dadurch signifikante Erlöse erzielt. Daher ist für die Web 2.0-Communities ein Wandel vom Promotion-Tool, also von der Aufmerksamkeitsplattform, hin zur Erlösquelle zu verzeichnen. Dieser wird mit der Notwendigkeit begründet, die eigenen Produkte auch selbst zu monetarisieren. Web 2.0-Angebote wie bspw. Last.FM oder YouTube erzielen auf Grund der Inhalte Reichweite, die als Währung für Werbetreibende verstanden wird. Je mehr Reichweite erzielt wird, desto teurer kann der Platz für Werbung verkauft werden. Die Internetangebote erzielen also Erlöse durch Inhalte, an denen ihnen die Urheberrechte fehlen, die sie gar nicht selbst produzieren müssen, weil viele User das tun („User-Generated-Content) oder weil viele User einfach Inhalte, die ihnen gar nicht gehören, und die bspw. von Plattenfirmen stammen, hochladen. Die Inhalte von Plattenfirmen bilden dadurch einen Mehrwert für die Web 2.0-Plattformen, deren Erlöse an den Rechteinhabern vorbeifließen. Die Musikindustrie muss aber daran teilhaben. Deswegen geht sie kommerzielle Partnerschaften und Kooperationen ein, um hier an einem Erlösstrom zu partizipieren, der durch ihre (urheberrechtlich geschützten) Produkte zustande kommt. *„Wir kooperieren, aber nicht im Sinne von reinen Partner-Deals, sondern das sind kommerzielle Deals. Wo wir pro Abruf der Inhalte Geld bekommen und einen Umsatzerlös erzielen"* (Major Label A, S. 1).

Um aus diesen Partnerschaften Erlöse zu realisieren, wird mit einem neuartigen IT-System[50] gearbeitet. Die Musikbranche konvergiert dadurch zu den Branchen Medien, Unterhaltung und Sicherheit. Die T.I.M.E.S.-Konvergenz wird also von der Musikbranche teilweise realisiert.

---

[50] Das System heißt „Audible Magic" und wird in Kapitel 4.3 näher beschrieben.

4.1.2 Medienkooperationen

Eine andere Form der Kooperationen mit Medien sind die CD-Beilagen von Musikzeitschriften[51], auf denen Neuveröffentlichungen vorgestellt werden. Dabei besteht insbesondere für Independent Labels, die sich i. d. R. einer gewissen Stilrichtung bzw. Ästhetik verpflichtet fühlen, die Herausforderung darin, die passenden Partner für solche Kooperationen zu finden. Eben weil (kleine) Independent Labels Nischenanbieter sind, scheinen Kooperationen mit Nischenprodukten geeignet, die die gleiche Zielgruppe haben. *„Wir bewegen uns natürlich in einer ganz ganz kleinen Nische. Aber die Zukunft gehört der Nische!"* (Independent Label D, S. 4).

4.1.3 Vertriebskooperationen

Eine wohl grundlegend notwendige Kooperation scheint die Vertriebskooperation (für physische Tonträger) zu sein, da viele Independent Labels keinen eigenen Vertrieb haben, die Major Labels hingegen schon. Es gibt eigenständige Vertriebsfirmen, die speziell für Independent Labels den Vertrieb übernehmen, wie beispielsweise Indigo[52]. Viele Independent Labels sind abhängig von solchen Dienstleistern, da sie ihre Tonträger ohne diese nicht in den Handel bekämen. Allerdings sind auch die Major Labels teilweise abhängig von den Vertriebskooperationen mit Independent Labels. Sie übernehmen für ihre kleinen Konkurrenten den Vertrieb und erzielen dadurch in der Summe einträgliche Erlöse. Es findet also eine Prozessöffnung aus notwendigem Pragmatismus heraus statt.

Für den digitalen Vertrieb scheinen ebenfalls spezielle Dienstleister als Kooperationspartner aufzutreten, die als Schnittstelle zwischen Downloadplattformen und Labels agieren.

Die Vertriebs-Kooperation mit Medien wie bspw. die Kooperation des Labels City Slang (für die Band Lambchop) mit dem Rolling Stone wird von den Labels aber eher als schädlich beäugt. Denn die kosten-

---

[51] Beispiele sind: Die Zeitschrift Visions mit ihrer CD-Beilage All Areas, der Rolling Stone mit New Noises, Musikexpress mit Sounds Now!
[52] www.indigo.de

lose Weitergabe von Tonträgern, von ganzen Alben in nicht digitaler Form, führe zu einer totalen Entwertung von Musik und fördere nur eine Gratismentalität. *„Die Musikindustrie bestätigt sozusagen mit diesen Strategien noch, dass eine CD tatsächlich nichts wert ist"* (Independent Label C, S. 3). Das Lambchop-Modell ist für den Konsumenten natürlich sehr ansprechend, für die Musikbranche an sich aber nicht unbedingt förderlich, denn *„das stärkt natürlich diese Mentalität, dass Musik so ein Nebenbei-Ding ist"* (Independent Label B, S. 9).

4.1.4 Kooperationen unter Independent Labels

Aber nicht nur die Zusammenarbeit mit Unternehmen aus anderen Branchen, sondern auch mit anderen Labels bietet sich gerade für Independent Labels an. Vor allem aus pragmatischer Sicht, bspw. bei Labels, die ihren Sitz in der gleichen Stadt haben, bieten sich Versandkooperationen an, um Porto zu sparen[53].

Es zeigt sich sogar eine Tendenz dahingehend, dass kleinere Labels weniger Kooperation mit branchenfremden Unternehmen eingehen, als größere. Allerdings spielen dabei vor allem die distinktive Ästhetik und das fehlende Pendant zur entsprechenden Nische eine Rolle.

---

[53] So banal das an dieser Stelle auch klingen mag, so hoch ist der Kostenfaktor für kleine Independent Labels bei Promotionaktionen, die genau deshalb immer mehr in den Onlinebereich verschoben werden.

4.2 Ergebnisse Perspektive 2: Nutzung von globalen Ressourcen

Diese Perspektive hat wohl eher keine strategisch besonders wichtige Bedeutung für Plattenfirmen. Denn das globale Handeln von deutschen Independent Labels einerseits und von den deutschen Tochtergesellschaften der Major Labels andererseits beschränkt sich fast ausschließlich auf den Vertrieb, sowohl physisch als auch digital. Die deutschen Niederlassungen der Major Labels werden bei globalen Kooperationen von den Mutterfirmen gelenkt. Von den Hauptquartieren in New York, Los Angeles oder London *„werden da zentrale Deals gemacht"* (Major Label C, S. 3). Sie haben also wenig Entscheidungsfreiheit, was die Zusammenarbeit mit anderen großen Unternehmen betrifft. Sie treten daher bei globalen Angelegenheiten nicht lokal in Erscheinung. Die nationalen Vertretungen der Major Labels sind schließlich strategisch abhängig vom Mutterkonzern.

Über die nationalen Marktgrenzen hinaus zu agieren, ist für Independent Labels mitunter sogar überlebensnotwendig. *„Das heißt natürlich nicht, dass wir überall gut verkaufen. Aber wenn von jeder internationalen Veröffentlichung 300 Stück nach Australien gehen, 400 Stück nach Polen und 100 Stück nach Japan, dann finde ich das a) schon mal cool und die Künstler finden das super und b) hilft uns das natürlich bei den Verkaufszahlen, die du mittlerweile in Deutschland hast, ganz klar zum Überleben"* (Independent Label D, S. 4).

„Worldwide Access, not Ownership"
Das Argument „Worldwide Access, not Ownership" (Prahalad & Krishnan, 2008, S. 178) ist für die befragten Plattenfirmen tendenziell nicht so wichtig, wie für die Konsumenten. Wenn ein Dienstleister „inhouse" sitzt, erleichtert es die Kommunikation erheblich. Die Aufhebung von Raum und Zeit für die Nutzung von Ressourcen ist scheinbar nicht in der Musikbranche angekommen. Allerdings ist auch fraglich, ob dies bei einer Kreativbranche wie der Musikwirtschaft überhaupt Sinn macht. *„Wir glauben an den Vorteil der räumlichen Nähe zwischen den Abteilungen und an eine Qualität der Zusammenarbeit, die selbst mit Agenturen, die nur zwei Häuser weiter sind, nicht entsteht"* (Major Label B, S.1)

4.3 Ergebnisse Perspektive 3:
Implementierung von Technologie- und Nutzeninnovationen

4.3.1 Technologieinnovationen

4.3.1.1 Neue Tonträgerformate

*„Also, man kann ganz klar sagen, das Ende der CD ist
noch ganz weit entfernt."*

(Major Label A, S. 5)

Genau aus diesem Grund sehen sich Plattenfirmen nicht in der Pflicht,
als Innovationstreiber zu agieren und technische Neuerung voranzutreiben bzw. zu implementieren. Das liegt außerhalb der Kernkompetenzen, *„dort würden wir unsere Kraft vergeuden"* (Major Label A, S.
6). Ferner scheinen die Major Labels noch zu sehr an klassischen
Strukturen der Wertschöpfungsprozesse festzuhalten, und sehen daher
ihre Aufgabe nicht darin, technische Innovationen zu schaffen: *„Ich
glaube den Anspruch kann man nicht mehr stellen an die Musikindustrie. Dafür ist die Technologie auch schon zu differenziert und die
Wertschöpfungskette zu klar aufgeteilt"* (Major Label A, S. 6).

Das Hauptargument ist sicherlich, dass die CD immer noch für gut 90
Prozent des gesamten Umsatzes der Branche verantwortlich zeichnet.
*„90 Prozent der Berichterstattung dreht sich um den digitalen Markt.
In Wirklichkeit macht der physische Markt, also die CD, aber immer
noch über 90 Prozent aus. Es gibt da also ein totales Missverhältnis"*
(Major Label C, S. 7).

Nach Ansicht der Labels gibt es derzeit auch kein Trägermedium, was
die CD ablösen wird. Denn die CD ist in ihrer Anwendung so simpel,
„dass jeder sie versteht und damit umgehen kann und auch möchte"
(Major Label A, S. 6).

Die CD ist also immer noch rund, praktisch und gut. So laut der Ruf
nach technischen Innovationen auch sein mag, die Frage nach der
Notwendigkeit eines neuen Tonträgers scheint obsolet, wenn ein Al-

bum die entscheidende Maßeinheit der Musikbranche ist, und nicht die Anhäufung von einzelnen Musikstücken: *„Ich weiß nicht, ob es noch wirklich einen Nachfolger von der CD geben wird. Ich habe echt schon oft darüber nachgedacht, aber es ist echt schwer zu sagen. Klar, es wäre natürlich viel mehr Spielzeit und Speicher, aber warum Spielzeit? Wenn es ein Album mit 55 Minuten ist, und dann sollen die dir ein 200 Minuten Album hinlegen? Also, da muss man auch darüber nachdenken, die CD wird uns noch lange erhalten bleiben"* (Independent Label A, S. 12).

Vermeintliche Innovationen wie Slot Music[54] stellen auch keine Alternative zur CD dar. Alle Vorhersagen und Einschätzungen diesbezüglich könnten allerdings auch falsch sein. Als die Vinyl-Schallplatte von der CD abgelöst wurde, war dies auch nicht unbedingt ein von allen Seiten gewollter Schritt: *„Aber ich erinnere noch mal an den Switch von LP zur CD. Da wurde damals auch bemängelt, dass das schöne große LP Cover verschwindet, und die Kunst darunter leidet, jetzt nur noch kleine Booklets zu haben, die kein Mensch lesen kann. Mittlerweile ist aber eben genau dieses kleine Booklet für Fans und Liebhaber zu einem wichtigen Teil des Produkts geworden, weil ja durchaus interessante Informationen drin stehen und auch wirklich künstlerisch hochwertige Booklets existieren"* (Major Label B, S. 3). Daher wird Haptik von Plattenfirmen noch immer als ein wichtiger Faktor eingeschätzt, obwohl sie sich bewusst sind, dass Musik überwiegend von nicht physischen Quellen genutzt wird, d.h. in digitalen Formaten gehört wird.

Es bestehe dennoch kein Anlass, einen anderen Datenträger für Musik zu etablieren, denn *„wer eine CD kauft, ist auf der sicheren Seite, diese bis zu seinem Lebensende nutzen zu können. Von welchem anderen Datenträger kann man das schon behaupten?"* (Major Label C, S. 8). Letztlich sei abzusehen gewesen, dass der CD-Markt sich weiter verkleinern würde. Dennoch liegt es nicht daran, dass *„die CD an sich schlecht ist, sondern weil damit einfach über lange Zeit miserable Arbeit gemacht worden ist"* (Independent Label C, S. 4).

---

[54] Siehe Kapitel 2.3.2. Vorsprung durch Innovation

4.3.1.2 Labeleigene Downloadshops

Einer der befragten Experten sagt, es sei nur ein Trugschluss, dass iTunes eine Monopolstellung innehätte. Tatsächlich gibt es aber wie im physischen Handel auch wenige große Händler und viele kleine. Die Konzentration ist allerdings im Downloadbereich etwas höher. Daher ist es nicht unbedingt notwendig, dass jede Plattenfirma ihren eigenen Downloadshop aufbaut, denn dann wäre das Angebot wieder beschränkt und somit ein Wettbewerbsnachteil ggü. der labelübergreifenden Konkurrenz. *„Das hat keine Ansätze, Vorteile oder strategische Grundsätze, die sagen würden man müsste das jetzt unbedingt tun"* (Major Label C, S. 4). Downloads allein können das Überleben der Branche schließlich auch nicht sichern, sie stellen noch immer ein Nischenprodukt dar.

4.3.1.3 Kopierschutzmechanismen und DRM

Die Implementierung von Kopierschutzmechanismen als technische Innovation, um damit einer Nutzungsinnovation, dem CD-Brennen, entgegenzuwirken, hat sich nicht durchgesetzt. Auch bei Downloads geht der Trend hin zu ungeschützten Formaten, die keine Nutzungsrestriktionen mehr mit sich bringen. Denn die mangelnde Interoperabilität auf Grund von konkurrierenden DRM Systemen war alles andere als nutzerfreundlich. Die Labels haben erkannt, dass aber gerade in der Interoperabilität zukünftiges Marktpotenzial liegt. Daher ist ein Ansatz zur Erschließung eines blauen Ozeans die Kombination aus klassischem Tonträger mit gleichzeitiger Mobilitätsgarantie. Es werden bspw. Vinyl-Schallplatten verkauft, die einen Download-Code enthalten, so dass der Konsument die Musik in haptischer Form als Premium-Produkt besitzt und trotzdem nicht auf die inzwischen gewohnte mobile Nutzung verzichten muss[55].

---

[55] Zwar können alle gängigen Tonträgerformate mittels bestimmter Soft- und Hardware ohne großen Aufwand digitalisiert werden, dennoch ist die Zurverfügungstellung von MP3-Dateien von Seiten der Plattenfirmen ein Signal – sie akzeptieren die Nutzungsgewohnheiten der Konsumenten.

4.3.2 Nutzungs-Innovationen

4.3.2.1 Mobilität und Interoperabilität

Nach Angaben der Experten ist nicht die technische Optimierung von Musikaufnahmen ein kritischer Faktor für die Musikindustrie, sondern die Verbesserung der Nutzungsmöglichkeiten. Sie müssen dereguliert werden. Mobilität und Interoperabilität sind die wichtigsten Felder, auf denen es voranzukommen gilt, um Produkte für die Konsumenten zu schaffen, nicht gegen sie. Denn Mobilität ist eine wichtige Anforderung der Konsumenten, der die Musikbranche sich nicht verschließen kann. Daher ist die o.g. Aufhebung von digitalen Kopierschutzmechanismen (DRM) notwendig. Schließlich ist MP3 das Standardformat für digitale Musik. Die Lösung des Interoperabilitäts- und Portabilitätsproblems hat also höchste Priorität für die Musikunternehmen. Deswegen sind inzwischen auch die größten beiden Musikdownload-Anbieter in Deutschland dazu übergegangen, DRM-freie Musikdateien anzubieten, um dem Konsumenten möglichst barrierefreie Musiknutzung zu ermöglichen.

4.3.2.2 Politische Rahmenbedingungen

> *„Entweder man schafft die politischen Rahmenbedingungen, und man setzt sie so, dass die Urheberindustrie ihre Werke verteidigen kann, oder letztendlich kommt die Gemeinschaft dafür auf."*
>
> (Major Label C, S. 10)

Da die Musikindustrie die Ursache ihrer Krise in der Verletzung von Urheber- und Leistungsschutzrechten durch illegales File-Sharing und CD-Brennen sieht, bleibt der Fokus auf die Anpassung der rechtlichen Rahmenbedingungen bestehen. Die Musikbranche verlässt sich weiterhin auf die Politik, die entsprechende Gesetze zur Verfolgung von Piraterie erlassen soll. Dieser Ansatz scheint jedoch fragwürdig, wenn man die öffentliche Debatte um die Kriminalisierung der eigenen Kunden berücksichtigt. Allerdings bleibt zu berücksichtigen, dass die

Independent Labels eine liberalere Ansicht als die Majors zum Thema CD-Brennen und File-Sharing haben und daher nicht so vehement die Kriminalisierung von Konsumenten verfolgen.

Ein Vorschlag für eine politisch instruierte Rettung der Musikbranche, bzw. der Kulturindustrie insgesamt, ist die Sozialisierung von Kultur durch die Einführung einer „Kultursteuer", an der alle Kulturbranchen beteiligt werden. Ansonsten sei in Deutschland die Kultur vom Aussterben bedroht (vgl. Major Label C, S. 10).

Ein Szenario, wie die musikalische Kultur nach einem Niedergang der kulturellen Industrie aussehen könnte, wurde im Interview mit Independent Label D aufgezeigt:

> *„Dann sind wir wieder in der Welt von Walther von der Vogelweide. Sprich Künstler X macht schöne Musik und hat irgendeinen Mäzen, einen Burgherren, der sagt, komm in meine Burg und spiel hier zweimal die Woche und dann kriegst du warmes Essen, ein Zimmer und kannst arbeiten. Das ist Musikförderung anno dazumal. So ist auch tolle Musik und Kunst entstanden. Vielleicht ist das der Weg, den wir gehen müssen. Am Ende des Tages geht es schließlich darum, dass tolle Musik und tolle Kunst entsteht. Und wenn das der Geschäftsweg ist..."*

(Independent Label D, S. 7)

4.3.2.3 Social Networks und „Audible Magic"

Einen Blauen Ozean aber hat die Musikbranche für sich (teil)erschlossen: Die bereits angesprochene Partizipation an Erlösen aus Social Networks. Zwar ist es kein blauer Ozean im klassischen Sinne, weil es sich hierbei nicht um einen neuen Endkonsumenten-Markt (Business-To-Consumer) handelt, sondern um einen Geschäftskundenmarkt (Business-To-Business). Wenn man allerdings die Summe potenzieller neuer Erlösquellen bzw. Wertschöpfungsmöglichkeiten als Markt versteht, stellt der Ansatz eine Erschließung eines Teils eben dieser unbetretenen Märkte dar.

Über das System „Audible Magic"[56] wird die Partizipation an den Erlösen, die Internet Plattformen wie bspw. YouTube, MySpace, Last.FM o.ä. über Werbeeinnahmen erzielen, ermöglicht. Eine Legitimation dieser Partizipation sehen die Plattenfirmen wie folgt begründet: Die Web 2.0-Plattformen werden mit Inhalten bestückt, überwiegend von Konsumenten, die keine Rechte an den Musik- oder Videoaufnahmen haben, aber auch von Labels, die eben Eigentümer dieser Rechte sind. Die Inhalte sind der Anreiz für viele Millionen Nutzer, die Plattformen zu frequentieren. Auf Grund der dadurch erzielten hohen Reichweiten können Werbeflächen teuer verkauft werden und somit hohe Erlöse erzielt werden. Da ein Großteil der Inhalte aber nicht den Betreibern, sondern den Plattenfirmen gehört, sehen diese sich berechtigt, an den Erlösen der Betreiber beteiligt zu werden. Es kann nur vermutet werden, dass hier eine Einigung erzielt wurde, um zähen Gerichtsverfahren, die mögliche Urheberrechtsverletzungen aufwiegeln sollten, aus dem Weg zu gehen. Wie aber funktioniert das System „Audible Magic"? Und wie ergibt sich daraus ein Erlösstrom für die Plattenfirmen?

Die Plattenfirmen registrieren zunächst ihre urheberrechtlich geschützten Werke bei Audible Magic. Jedes Mal, wenn ein Song oder ein Video auf den entsprechenden Plattformen abgespielt wird, registriert dies das System. In Abhängigkeit von den jeweiligen vertraglichen Konditionen werden dann Zahlungen von den Plattformbetreibern an die Plattenfirmen vorgenommen. Dieser Weg der Monetarisierung stellt einen gänzlich neuen Ansatz dar, den die Musikbranche so noch nicht verfolgt hat. Das Audible Magic System ermöglicht zwar einen neuen Erlösstrom für Plattenfirmen, aber nicht alle Labels nutzen diese Möglichkeit. Kleinere Independent Labels haben keine Partnerschaften mit den Social Networks und partizipieren somit nicht an den oben beschrieben Erlösquellen.

---

[56] www.audiblemagic.com

4.3.2.4 Implementierung von Widgets

Diese neue Erlösquelle wird von einem der befragten Labels (Independent Label A) durch eine technische Innovation, nämlich durch Widgets[57], in die Nutzungsinnovation Social Communities integriert. Die Widegts erfüllen dabei eine Doppelfunktion: Sie dienen einerseits als Werbemittel und nutzen andererseits die Inhalte der Social Networks, wodurch ein Erlösstrom in Gang gesetzt wird[58]. Diese Erlösströme stellen völlig neue Wertschöpfungsmöglichkeiten für die Musikbranche dar.

Sie verkörpern eine Art Paradigmenwechsel: Anfangs wurden Social Networks wie YouTube, Last.FM und Myspace eher als Feinde betrachtet, später als Promotionplattformen verwendet und inzwischen sogar als signifikante Einkommensquelle implementiert.

Um diese Wertschöpfungsmöglichkeit auszubauen, wird der Fokus auf mobile Applikationen gerichtet: *„Wir arbeiten natürlich gerade ganz stark an Mobile Device Applications, und das bedeutet, wir erreichen den Nutzer dann letzten Endes überall"* (Independent Label A, S. 6).

4.3.2.5 Music for free – Kostenlos aber nicht Wertlos

Durch die Möglichkeiten dieses Systems scheint sogar die kostenlose Weitergabe von Musik an die Konsumenten ein Geschäftsmodell zu sein. Allerdings stellt sich dann wieder die Frage nach der Entwertung von Musik, die durchaus ein ernstzunehmendes Problem der Branche ist seit Ende der 1990er Jahre die ersten Peer-To-Peer-Netzwerke[59]

---

[57] Ein Widget ist ein kleines Computerprogramm, das nicht als eigenständige Anwendung betrieben wird, sondern in eine grafische Benutzeroberfläche oder Webseite eingebunden wird.

[58] Ein Beispiel ist ein Count-Down-Widget, in dem 11 Tage vor der Veröffentlichung eines bestimmten Albums einer bestimmten Band jeden Tag ein neuer Song des Albums angehört werden konnte. Die Songs wurden aus der Plattform Last.FM in das Widget eingespeist, wodurch der Erlösstrom in Richtung Plattenfirma in Gang gesetzt wurde.

[59] Peer-To-Peer-Netzwerke werden auch als Tauschbörsen oder Filesharing-Systeme bezeichnet. Einige berühmte Beispiele sind Napster, Kazaa, Gnutella

anfingen, sich zu verbreiten und Musik plötzlich kostenlos verfügbar war. Die Herausforderung besteht also darin, Musik für die Konsumenten kostenlos verfügbar zu machen, so dass „illegale Downloads" obsolet werden, und dennoch daran zu verdienen, eben über andere Erlösquellen als den Verkauf. Der Entwertung von Musik kann jedoch durch die Anreicherung der Produkte entgegengewirkt werden. Wie bereits oben beschrieben, stellt die CD als Premium-Produkt einen wichtigen Markt dar, denn: *„Der Wert von Musik hängt ja auch in erster Linie davon ab, wie Musik weiterhin präsentiert wird"* (Major Label B, S. 4).

4.3.2.6 Neue direkte Erlösströme durch Werbung

Major Label B hat im Zuge des Aufbaus einer eigenen Internet Community für Musikfans noch eine andere Erlösquelle erschlossen: Alle Künstler des Labels haben innerhalb der Community eigene Websites, die von den Fans stark frequentiert werden. Diese Seiten werden nun als zielgruppenspezifische Werbeträger professionell vermarktet. Zu diesem Zweck wurde eine Mediaagentur gegründet. Die direkten Werbeeinnahmen stellen dabei ebenfalls eine völlig neue Erlösquelle für Labels dar.

---

oder E-Mule. Computernutzer konnten so mittels einer Software nach Musiktiteln suchen, die sich auf den Computern anderer Nutzer des Netzwerkes befinden, und diese dann downloaden.

4.4 Ergebnisse Perspektive 4: Kundenzentrierung und Co-Kreation

4.4.1 „Groundswell" – Trends bei den Fans

Die befragten Plattenfirmen sind sehr aktiv, wenn es darum geht, den Fan über Web 2.0-Applikationen mit einzubeziehen. Es werden eigene Communities auf Künstler-Websites angeboten, in denen sich Fans untereinander austauschen können. Die Kommunikation der Fans untereinander soll dabei gefördert werden, da sich dadurch eine erhöhte Bindung an jeweilige Künstler erhofft wird. Auch Gewinnspiele, Quiz oder Online-Games spielen unter dem Gesichtspunkt Fanbindung eine Rolle. Dabei betreiben die Plattenfirmen mitunter ein Monitoring der Kommunikation der Fans, um neue Ideen für eine engere Zusammenarbeit zu finden. Die Labels haben durchaus den Anspruch, neue „soziale" Strömungen und Trends frühzeitig zu erkennen und sie aufzugreifen und umzusetzen – wenn möglich.

4.4.2 Das Prinzip N = 1

Das Prinzip N = 1 ist eine Vision für die Musikbranche, die angestrebt wird, allerdings aus einem Mangel an technischer Umsetzbarkeit noch nicht realisiert werden kann.

> *„Vision ist es, irgendwann zu einer echten one-to-one-Kommunikation zu kommen. Also bei jedem einzelnen Fan genau zu wissen, was seine Vorlieben bei bestimmten Musikgenres sind und ihm dann zugeschneiderte Angebote unterbreiten zu können."*

(Major Label A, S. 2)

Das Internet ermöglicht den Wandel von einer Push- zu einer Pull-Kultur (Lull, 2002, S. 752). Die individuelle Kommunikation mit dem Konsumenten ist dabei von größter Wichtigkeit: *„Die direkte Kommu-*

nikation mit dem Fan hat eine ganz neue strategische Bedeutung"
(Major Label A, S. 2).

4.4.3 Maßnahmen zur Förderung von Co-Kreation

Die Einbeziehung von Konsumenten bzw. Fans in den kreativen Schaffensprozess, wie am Beispiel der Einstürzenden Neubauten in Kapitel 2.4.3 beschrieben, ist allerdings eher die Ausnahme. Eher werden Fans in eine Art Veredelungsprozess einbezogen, nachdem das Produkt an sich bereits geschaffen wurde. Dabei steht entsprechend nicht die Kreativität der Konsumenten als Wertschöpfungsbeitrag im Mittelpunkt, sondern eher die Fanbidung. Co-Kreation wird also als Marketing-Instrument begriffen und eingesetzt.

So können Fans Musikvideos zu Neuveröffentlichungen kreieren. Sie können Remixe von bereits veröffentlichten Songs erstellen, u.v.m. Dafür sind die bereits angesprochenen Social Communities wichtig. Denn sie dienen als Plattformen für die Kreationen der Konsumenten. In Wettbewerben können diese dort ihre Kreativität zeigen und Konzerttickets oder Merchandiseartikel gewinnen. Solche Maßnahmen sollen die Leidenschaft und die emotionale Verbundenheit der Fans zu ihren Lieblingskünstlern verstärken.

Den Ideen der Kundenzentrierung und Co-Kreation stehen die Plattenfirmen aber durchaus gespalten gegenüber: *„Als Label find ich das ziemlich interessant. Denn du kannst ja auch davon ausgehen, dass die Leute, die daran mitgewirkt haben, schon mal die Platte kaufen"* (Independent Label B, S. 9). *Aber „im Grunde will ich ja als Fan das, was der Künstler gemacht hat und nicht das, was ich mit ihm zusammen gemacht hab. Ich schätze ja den Künstler, weil er seine Kunst macht. Und da geht das dann komische Wege"* (Independent Label B, S. 9).

4.4.4 Street-Teams und virales Marketing

Überwiegend findet die Zusammenarbeit mit Fans aber durch sog. Street-Teams statt. Es handelt sich dabei um Fan-Communities, die nicht nur online, sondern auch offline aktiv sind. Die Mitglieder solcher Street-Teams sind eingefleischte Fans, die durch Anreizsysteme dazu bewegt werden, virales Marketing zu betreiben: Dazu gehören Aktivitäten wie bspw. die Plakatierung ganzer Straßenzüge mit Aufklebern bestimmter Bands, Band X als Thema in Gespräche einzubinden, aber eben auch Online-Aktivitäten, wie Blogeinträge, Forenbeiträge oder ähnliches über Band X zu verfassen und zu verlinken. Die Co-Kreation besteht hierbei darin, dass die Fans gemeinsam mit den Plattenfirmen, die ihnen ggf. Materialien dafür zur Verfügung stellen, auf bestimmte Künstler oder Bands aufmerksam machen. Die Fans tragen also zur Popularität und damit zur Wertigkeit eines Künstlers bei. Insbesondere unter dem Aspekt der Authentizität und Glaubwürdigkeit scheint virales Marketing durch Street-Teams für die Plattenfirmen enorm viel versprechend zu sein. Dieser Ansatz wird teilweise auch durch die Zusammenarbeit mit bereits organisierten Fanclubs erweitert. Wichtig ist den Labels allerdings, dass sie bei diesen Co-Kreationsmaßnahmen federführend sind und die Kontrolle über die Aktivitäten haben. Je intensiver die Aktivitäten des viralen Marketings desto stärker scheint der Kontrollbedarf der Labels.

Durch die o.g. Online-Aktivitäten der Street-Teams werden ebenfalls die Erlösströme aus den Partnerschaften mit Sozialen Netzwerken wie YouTube, Last.FM und MySpace in Gang gesetzt: Wie vorstehend näher beschrieben, werden die abgerufenen Inhalte der Plattformen an die Labels vergütet. Je häufiger die viralen Online-Marketing Aktivitäten der Fans also auf die Inhalte verweisen, desto häufiger fließen Erlöse an die Plattenfirmen[60].

Die Intensität von Co-Kreation muss jedoch auch zur Musik passen. Nicht für alle Genres ist virales Marketing mit Street-Teams der geeignete Weg; für Rockmusik und Hip Hop ist dies eher der Fall als für Klassik und Schlager.

---

[60] Über das „Audible Magic"-System

4.5 Ergebnisse Perspektive 5: Nischenversorgung

4.5.1 Das Long Tail-Prinzip

Das Long Tail-Prinzip stellt sich als unverzichtbarer Ansatz einer modernen Musikfirma heraus:

> *„Der Long-Tail-Gedanke ist sozusagen eine Hausaufgabe, die man erledigen muss, weil das Internet uns einfach die Möglichkeit bietet."*
>
> (Major Label A, S. 3)

Plattenfirmen haben dabei ein Bestreben, ihre Produkte so umfangreich wie möglich anzubieten. Denn nur dann können sie auch wirklich vom Long Tail profitieren. Aber genau da zeigt sich die große Herausforderung für Plattenfirmen: Der Kampf um Aufmerksamkeit – also um die „Regalfläche" – unterliegt im Internet sozusagen verschärften Spielregeln, da das Angebot viel breiter und tiefer ist als im realen Handel. Daher ist festzustellen, dass es *„eben doch noch eine breite Masse von Verbrauchern gibt, die nicht wissen, wonach sie suchen. Denen man also Dinge anbieten muss"* (Major Label A, S. 3).

Zwar werden durch Targeting und Empfehlungsfunktionen individuelle „Regalflächen" geschaffen, aber genau darin sehen die Labels mitunter das Risiko, dass eben doch nicht jedes Produkt mindestens einmal verkauft wird, der Long Tail-Effekt also nicht eintritt. Die größte Herausforderung bleibt also der Kampf um die Aufmerksamkeit des Konsumenten. Insbesondere bei Mobile Music besteht dieses Problem. Die kleinen Displays von Mobiltelefonen bieten weitaus weniger „Regalfläche", als ein Computerbildschirm, weshalb die Startseiten von mobilen Downloadportalen weniger Angebote präsentieren können.

Wie bei der klassischen Zeitung besteht hier eine „above the fold"-Problematik (vgl. Major Label A, S. 3): Alles, was sich unterhalb der Falz bzw. des Initial-Screens befindet, erhält zunächst weniger Aufmerksamkeit. Um also den Long Tail-Effekt nutzen zu können besteht die größte Herausforderung für Plattenfirmen darin, die Aufmerksamkeit des Konsumenten zu bündeln und Onlineangebote so attraktiv bzw. zielgruppengerichtet[61] wie möglich zu gestalten.

Kleine Independent Labels sehen ihre Verkäufe ohnehin eher im Long Tail angesiedelt, da sie nicht über dieselben finanziellen Möglichkeiten für Marketingaktivitäten wie Major Labels verfügen. Diese hingegen können ihre Kernkompetenzen Marketing und Promotion auch im Internet effizient einsetzen, um nicht nur im Long Tail zu verkaufen, sondern auch am „Head", also an den wenigen Hits beteiligt zu sein. Das Long Tail-Phänomen lässt sich auch auf den Verkauf von physischen Tonträgern durch das Internet übertragen. Die Plattenfirmen verzeichnen starke Zuwächse beim CD-Verkauf über Amazon und ähnliche Shops. Dadurch verringert sich für sie natürlich das Retourenrisiko.

4.5.2 Musik wie Wasser

Der Ansatz „Musik wie Wasser" (siehe Kapitel 2.5.4), also eine strategische Umsetzung des Long Tail-Gedankens, findet bei den befragten Plattenfirmen nur mäßigen Anklang. Zwar ziehen sie auch Abonnement-Modelle für den Verkauf von Musik in Betracht, allerdings vorwiegend durch den oben beschriebenen Weg über Kooperationen bspw. mit Mobilfunkprovidern. Obwohl es bereits Musikflatrates von Anbietern wie Napster oder Musicload gibt, scheint dieses Modell noch immer nur Zukunftsmusik zu sein.

4.5.3 Die urheberrechtliche Problematik des Long Tail-Prinzips

Die Umsetzung des Long Tail-Prinzips ist nach Einschätzung der Experten mit einem urheberrechtlichen Problem behaftet: Die Verjährung von Leistungsschutzrechten. Sie stellt ein enormes Risiko für die Zukunft dar, wenn es keine Gesetzesänderungen gibt. Aufnahmen, die

---

[61] Das beinhaltet natürlich das Bestreben danach, individuelle Konsumentenerlebnisse zu schaffen, also jeden einzelnen Konsumenten als einzelne Zielgruppe zu betrachten, eine Realisierung des Prinzips N = 1 also.

älter als 50 Jahre sind, gelten als gemeinfrei[62] und können von jedem Anbieter ins Netz gestellt werden: *„Ich geh jetzt mal in die Historie, und wenn ich jetzt bei Produkten ankomme, die vor 1958 veröffentlicht wurden und stelle die mit einem ziemlichen Aufwand rein, dann kommt irgendein anderer Anbieter, kopiert sich das, stellt es auf seinem Angebot ebenfalls rein. Das ist rechtlich nach den Leistungsschutzrechten möglich, da hab ich aber mit Zitronen gehandelt"* (Major Label C, S. 6).

Wichtig ist also für die Plattenfirmen, dass das Urheberrecht an die technischen Möglichkeiten einer permanenten Verfügbarkeit von Aufnahmen angepasst und die Dauer der Urheber- und Leistungsschutzrechte verlängert wird. Erschwerend kommt hinzu, dass es keinen internationalen Standard für diese Fristen gibt. In den USA beträgt der Urheberrechtszeitraum 95 Jahre. Da das Internet und die dadurch entstehenden Downloadportale, die den Long Tail-Ansatz erst realisieren, jedoch theoretisch keinen Landesgrenzen unterliegen, wäre auch eine international einheitliche Regelung über das Urheberrecht von großer Bedeutung für Plattenfirmen.

4.5.4 Disc On Demand

Einen Schritt weiter geht der neue Amazon „Disc On Demand"-Service[63]. Er verbindet dabei das Prinzip N = 1 mit dem Long Tail-Ansatz. Konsumenten können dementsprechend bei Amazon CDs bestellen, die es entweder nicht mehr in physischer Form gibt, oder aber die es noch nicht in physischer Form gibt, und die extra für sie angefertigt werden. Dadurch verringert sich das Produktionsrisiko von Plattenfirmen für neue Künstler natürlich erheblich und massive Flops können so vermieden werden.

---

[62] Siehe § 82 Urheberrechtsgestz: „Dauer der Verwertungsrechte"
[63] Für nähere Informationen siehe: www.amazon.de/gp/press/pr/20081007

4.6 Ergebnisse Perspektive 6: Plattenfirmen als Full-Service-Institutionen

4.6.1 Das 360°-Modell

> *„Also ein 360°-Modell, das scheint mir so viele Bereiche zu betreffen, dass da so viele Spezialisten nötig sind, dass da eine Plattenfirma total mit überfordert ist. Wenn, dann kann sie es nur durch Kooperationen mit anderen Spezialisten machen, wobei es dann keinen Sinn mehr macht, wenn so viele Kooperationen stattfinden, dass da am Ende keiner mehr durchblickt."*
>
> (Major Label C, S. 11)

Diese negative Sichtweise scheint ziemlich extrem, zeigt aber genau auf, dass das 360°-Modell nicht ganz einfach umzusetzen ist. Eine Erweiterung der Kernkompetenzen auf die Märkte Konzert, Merchandise und Publishing erscheint für die befragten Labels aber dennoch sinnvoll und notwendig.

Die Erlöse durch Musik und angehörige Märkte werden aber auch durch 360°-Modelle nicht zwangsläufig größer, sondern lediglich umverteilt. Das Risiko bei 360°-Modellen besteht daher in einem Verdrängungswettbewerb, der entsteht, wenn bestehende fremde Märkte betreten werden. *„Aber es wird die großen Konzertveranstalter nicht aus der Bahn werfen, wobei ich auch nicht glaube, dass die großen Konzertveranstalter Plattenfirmen werden"* (Major Label C, S. 12).

Die Ausweitung des Handlungsradius findet allerdings nicht in einer 360°-Pauschalität statt, vielmehr in einer individuellen Konfiguration. Das Ausmaß der Erweiterung des Handlungsradius scheint dabei Abhängig von der jeweiligen Größe des Labels, dem Bekanntheitsgrad der Künstler oder vom Musikgenre. Die Auswertung von möglichst vielen Rechten ist nach Angaben der Experten aber generell ein langfristiges Ziel. *„Ganz ehrlich gesagt legen wir inzwischen auch Wert drauf, dass, wenn wir eine neue Band rausbringen, wir zwei Rechte* *von denen kriegen. Also die Rechte als Plattenfirma, das ist klar. Und dann eben entweder Verlag oder Booking"* (Independent Label B, S. 6).

Der Vorteil von 360°-Modellen besteht zu dem darin, dass die Plattenfirmen in Bereichen – wie Konzerte und Merchandising – aktiv werden, deren Produkte nicht kopierbar sind. Die befragten Plattenfirmen sehen sich dabei jedoch in der Pflicht auf den jeweiligen Sektoren mindestens genau so gut wie die besten Unternehmen am Markt zu sein. Sonst ist ein nachhaltiges 360°Modell nicht möglich. Schließlich entsteht durch die Rundumversorgung auch gegenüber den Künstlern ein erhöhter Rechtfertigungsdruck. Dennoch ist der Live-Sektor auch nicht unbedingt die „Eier legende Wollmilchsau": *„Man merkt das schon, man kriegt da schon aus den entsprechenden Bereichen Signale und Hinweise, dass es Probleme macht, so wie geplant die Tourneen und Konzerthallen zu füllen"* (Major Label C, S. 11).

Zwar befindet sich der Konzertmarkt in einer Wachstumsphase, aber auch hier wird ein Sättigungseffekt erwartet, denn: Bei einem stetig zunehmenden Angebot an Konzerten, deren Eintrittspreise immer weiter steigen, wird angenommen, dass die Fans irgendwann selektiver agieren und nicht immer mehr Konzerte besuchen, sondern evtl. sogar weniger.

Auch Merchandising ist nicht unbedingt bei allen Genres bzw. Bands ein einbringlicher Markt für die Labels. Sie sehen zwar für den Pop- und Rockbereich kaum, für den Klassik- und Schlagermarkt jedoch erhebliche Limitationen. Hinzu kommt, dass die Labels der Herausforderung gegenüberstehen, die passenden Produkte für die jeweiligen Bands zu finden. Heckscheibenaufkleber bspw. werden nicht von *Janet Biedermann* oder *Monrose* verkauft, sondern von *Iron Maiden* und *Metallica*. Der am weitesten verbreitete Merchandising Artikel ist allerdings das Band T-Shirt: *„Wie oft siehst du im Fernsehen irgendeinen mit einem Motörhead T-Shirt rumlaufen? Das ist eigentlich unfassbar"* (Independent Label A, S. 11). Der dritte Bereich „Publishing", also das Musikverlagswesen, hat sich vor allem bei den Independent Labels als weiteres Standbein etabliert, da sie durch die er-

weiterte Rechteauswertung weitere Einnahmen generieren können[64].
Die Major Labels haben jeweils angeschlossene Publishing-Com-
panies.

4.6.2 Die „Make or Buy-Decision"

Bei den untersuchten Plattenfirmen zeigen sich in Bezug auf die Realisierung von 360°-Modellen wie schon theoretisch angenommen zwei
verschiedene Ansätze: Einerseits durch Aufkäufe von Unternehmen
aus den Bereichen Merchandising und Live-Geschäft, andererseits
durch den internen Aufbau dieser Bereiche innerhalb des jeweiligen
Labels. Beide Varianten stellen aber eine enorme systemische Herausforderung dar: Die Integration der Geschäftsabläufe in die bestehenden Systeme erfordert insbesondere bei Major Labels große Anstren-
gungen, da sie ein operatives Set-Up der IT-, Finanz- und Logistiksys-
teme verlangen. Bei kleinen Independent Labels hingegen haben sich
die Geschäftsbereiche Live-Musik, Merchandising und Publishing
mitunter über lange Zeit aus einem notwendigen Pragmatismus heraus
von selbst entwickelt: *„Als wir angefangen haben, haben wir auch*
sofort angefangen Konzerte für Künstler zu buchen, weil wir uns ge-
dacht haben, wir haben hier eine tolle Band und die muss jetzt in die
Clubs. Und es gab eben sonst keinen Booker, der sich für die interessier-
te, weil sie noch unbekannt waren, also haben wir das gemacht"
(Independent Label D, S. 2).

So entstehen aus der Notwendigkeit neue Kompetenzen. Diese können
zu einem Wettbewerbsvorteil werden, den die Labels auch als Dienstleister für andere anbieten können um somit weitere neue Erlösquellen
zu erschließen.

Independent Labels scheinen generell eher als Mehrfachversorger in
Erscheinung zu treten, als Major Labels dies tun. Jedoch sind wirkli-
che Umsetzungen des 360°-Modells eher selten der Fall. Nur eines der
befragten Major Labels setzt das Modell stringent um: Booking, Merchandising und Mediaagentur sind neben den vorhanden Kernkompe-

---

[64] bspw. durch Beteiligungen an Erlösen aus GEMA- und GVL-Gebühren.

tenzen rund um den Tonträger bei Major Label B intern neu entstanden (siehe Abbildung 11). Allerdings wird diese Implementierung vom Label selbst als „Vier-Konfigurationen-Modell" bezeichnet.

Abbildung 11: Das Vier-Konfigurationen-Modell

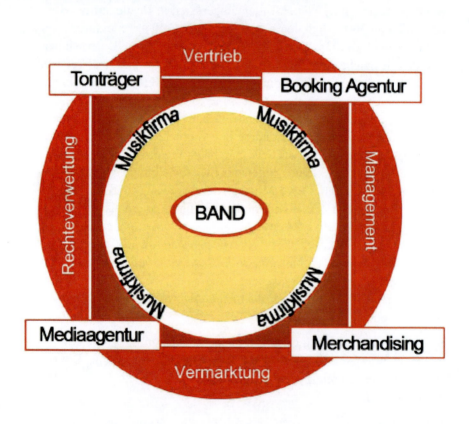

Quelle: Eigene Darstellung

4.6.3 Künstler als Marke

Für die Umsetzung des 360°-Modells erachten die befragten Major Labels den Aufbau von Künstlern als Marke als sehr wichtig. Denn *„Universal, Warner oder Sony machen als Marke für den Konsumenten keinen Sinn, weil der in der Regel nicht weiß, bei welcher Company welcher Künstler erschienen ist"* (Major Label B, S. 1).

So werden beispielsweise Künstler und deren Websites als Werbeträger vermarktet. Die emotionale Bindung zwischen Fan und Künstler spielt dabei eine besonders wichtige Rolle für die Werbetreibenden, da sie auf einen Imagetransfer hoffen.

4.6.4 Label als Marke

Bei Independent Labels hingegen scheint eher das jeweilige Label die Marke zu sein, als die Künstler: Da Independent Labels i.d.R. Nischenanbieter sind und eine bestimmte musikalische Ästhetik vertreten, verstehen sie sich als eine Art Gate Keeper für ihre Konsumenten, der einen gewissen musikalischen Standard garantiert. Die Bands von Independent Label B bspw. spielen bei Konzerten nicht vor ihrem Band-Logo im Hintergrund der Bühne, sondern stets vor dem Logo des Labels. Das prägt sich bei den Konsumenten ein und schafft mitunter ein Markenbewusstsein für das Label.

4.7 Zusammenfassung der Ergebnisse

Die zweite Forschungsfrage dieser Arbeit („Wie nutzen Plattenfirmen die neuen Wertschöpfungsmöglichkeiten?") lässt sich nicht in einem Satz beantworten. Daher werden die Erkenntnisse der Experteninterviews an dieser Stelle noch einmal zusammengefasst.

Die Ergebnisse der qualitativen Untersuchung zeigen, dass die Musikindustrie durchaus moderne Ansätze zur Wertschöpfung verfolgt. So wird die T.I.M.E.S.-Konvergenz sogar teilweise realisiert. Durch die vorwiegende Zusammenarbeit mit der Telekommunikationsbranche, aber auch durch Kooperationen mit den anderen Branchen Informationstechnologie, Medien, Unterhaltung und Datensicherheit öffnen sich neue Möglichkeiten der Wertschöpfung für die Musikindustrie. Dabei scheint jedoch die globale Nutzung von Ressourcen nicht von strategisch wertvoller Bedeutung zu sein.

Die Auseinandersetzung mit Technologie- und Nutzeninnovationen hingegen ist von großer Wichtigkeit. Vor allem die Problemfelder Interoperabilität und Mobilität von Musik besitzen für die Zukunft der Plattenfirmen enormes Potenzial.

Allerdings sind Musikflatrates, Kultur zum Pauschalpreis sozusagen, nicht unbedingt die Modelle, auf die die Labels setzen. Sie sehen sich einer Entwertung von Musik gegenübergestellt, die eine Gratismentalität fördere. Deshalb liegt besonderes Augenmerk darauf, auch aus der kostenlosen Verbreitung von Musik Wert zu schöpfen. Die Partizipation an Erlösen aus Social Networks ist dabei eine Idee, die von einigen größeren Labels erfolgreich umgesetzt wird. Dieser Weg der Monetarisierung stellt einen gänzlich neuen Ansatz dar, den die Musikbranche so noch nicht verfolgt hat. Er stellt einen Paradigmenwechsel dar: Anfangs wurden Social Networks wie YouTube, Last.FM und Myspace eher als Feinde betrachtet, später als Promotionplattformen verwendet und inzwischen sogar als signifikante Einkommensquelle implementiert. Ein anderer neuartiger Ansatz ist der Erlösstrom durch Werbung auf Künstler-Websites innerhalb eigener Communities.

Die Plattenfirmen erhoffen sich für die Zukunft eine möglichst individualisierbare Kommunikation mit den Fans um maßgeschneiderte Angebote zu schaffen. Eine Einbeziehung von Konsumenten bzw. Fans in den kreativen Schaffensprozess, wie am Beispiel der Bands „Einstürzenden Neubauten" und „Angelika Express" in Kapitel 2.4.3 beschrieben, ist allerdings eher die Ausnahme. Eher werden Fans in eine Art Veredelungsprozess einbezogen, nachdem das Produkt an sich bereits geschaffen wurde. Die Intensität von Co-Kreation muss außerdem zum Musikstil und zur Künstlerpersönlichkeit passen.

Die Plattenfirmen sind weiterhin der Überzeugung, dass die CD als Tonträger nach wie vor erhalten bleibt und ihr Produktlebenszyklus sich noch lange nicht dem Ende neigt.

Das Long Tail-Prinzip stellt sich daher als unverzichtbarer Ansatz einer modernen Plattenfirma heraus, nicht nur in Bezug auf Downloads, sondern auch für den Tonträgerverkauf. Allerdings ist die Umsetzung des Long Tail-Prinzips mit einem urheberrechtlichen Problem behaftet: Die Verjährung von Leistungsschutzrechten. Gemeinfreie Aufnahmen verlieren an Attraktivität für Anbieter, da sie keine Erlösquelle mehr darstellen.

Der Internethändler Amazon kooperiert mit verschiedenen Plattenfirmen, um den „Disc On Demand"-Service anbieten zu können, welcher eine logische strategische Konsequenz des Long Tail-Phänomens und somit eine neue Wertschöpfungsmöglichkeit für die Musikindustrie darstellt.

Der 360°-Ansatz wird zwar ansatzweise verfolgt, findet allerdings nicht in einer 360°-Pauschalität statt, vielmehr in einer individuellen Konfiguration. Das Ausmaß der Erweiterung des Handlungsradius scheint dabei Abhängig von der jeweiligen Größe des Labels, dem Bekanntheitsgrad der Künstler oder vom Musikgenre.

Der Vorteil von 360°-Modellen besteht zudem darin, dass die Plattenfirmen in Bereichen aktiv werden, deren Produkte nicht kopierbar sind: Konzerte und Merchandise.

Dabei scheinen Independent Labels generell eher als Mehrfachversorger in Erscheinung zu treten, als Major Labels dies tun. Jedoch sind die Umsetzungen des 360°-Modells eher durch individuelle Konfigurationen als durch Vollständigkeit geprägt.

Anhand der vorliegenden Erkenntnisse lassen sich allerdings nur grobe Strategiemuster der Branche erkennen, da die Untersuchung eher explorativen Charakters ist. So kann aber festgehalten werden, dass die Erweiterung des Handlungsraumes, die Kundenzentrierung und die Nischenversorgung neben der Erschließung alternativer Erlösmodelle als strategische Ansätze bedeutsam sind.

Es sei an dieser Stelle ausdrücklich darauf hingewiesen, dass die vorliegende Arbeit keine allgemeingültigen Aussagen über die Musikindustrie als Ganzes treffen kann. Das angewandte qualitative Vorgehen vermag lediglich Ansätze und Tendenzen aufzuzeigen, die strategische Strömungen innerhalb der Musikbranche abbilden. Deshalb sind die Ergebnisse zwar nur in Bezug auf die befragten Labels gültig. Sie bilden dennoch gewisse Trends der Musikindustrie ab.

5. Fazit und Ausblick

Es gibt zwar keinen Masterplan für den Ausweg aus der Krise der Musikbranche, aber an neuen Ideen mangelt es auch nicht. Daher bleibt festzuhalten, dass nicht eine bestimmte Idee für neue Wertschöpfungsmöglichkeiten der Musikindustrie Rettung verspricht, sondern dass eine Kombination verschiedener Ansätze entsprechend der jeweiligen Möglichkeiten und Marktbedingungen, mit denen jedes einzelne Label zu kämpfen hat, am sinnvollsten scheint. Wichtig ist also die inhomogene Integration verschiedener Ansätze auf Seiten der Labels. Demnach wird die Zukunft von nebeneinander existierenden Geschäftsmodellen geprägt sein, wobei abzuwarten bleibt, welche Modelle welchen Beitrag zur Wertschöpfung leisten. Die Musikbranche wird sich demzufolge zukünftig durch eine zunehmende Vernetztheit zwischen Fans und Plattenfirmen auszeichnen. Die Labels werden daher in der Lage sein müssen, permanent und ubiquitär die Inhalte liefern zu können, die der Konsument wünscht. Denn es gibt noch immer erhebliches Potenzial auf Seiten der Konsumenten, das die Labels nicht abschöpfen.

In dem die Labels einzelne Elemente der angeführten neuen Wertschöpfungsmöglichkeiten in ihre Geschäftsmodelle adaptiert und integriert haben, realisierten sie das in Kapitel 1.1 (Die Transformation des Wertschöpfungsprozesses) dargestellte Wertschöpfungsnetzwerk. Die Loslösung von der linearen Wertschöpfungskette hin zu einer Vernetzung von Wertschöpfungsprozessen auf unterschiedlichsten Ebenen ist ein richtiger und wichtiger Schritt. Nur so können sie den permanent komplexer werdenden Bedingungen des Musikmarktes gerecht werden, der sich vor allem durch die Integration des Konsumenten bzw. Fan als Zentrum des Wertschöpfungsnetzwerks wandelt.

Dennoch zeichnet sich ein Trend, der sich nicht auf Musik beschränkt, dahingehend ab, dass die Nutzbarkeit von Musik wichtiger wird als deren Besitz.

Weiterhin lässt sich erkennen, dass das Spektrum und die Intensität der genutzten neuen Wertschöpfungsmöglichkeiten von der Größe des jeweiligen Labels abhängig sind. Die Independent Labels erscheinen offener gegenüber neuen Ideen, spontaner bei deren Entwicklung und flexibler in deren Umsetzung zu sein. Die Major Labels hingegen zeichnen sich eher durch starre Geschäftsabläufe aus, die sie zwar zunächst langsamer bei der Entwicklung und Umsetzung neuer Ansätze, letztlich aber energischer sein lässt.

Vor dem Hintergrund der gewonnen Erkenntnisse erscheint der Begriff Plattenfirma zwar auf den ersten Blick antiquiert, kann jedoch weiterhin bestehen bleiben, denn die „Platten" bzw. CDs sind noch immer das Sinnbild der Musikindustrie, zumal durch das klassische Trägermedium noch immer ca. 90 Prozent des Umsatzes der Branche erzielt werden.

In dieser Arbeit wurden potenzielle Ansätze für neue Wertschöpfungsmöglichkeiten der Musikindustrie betrachtet. Nach einer eingehenden theoretischen Ausarbeitung wurden diese anhand von Experteninterviews auf ihre Umsetzung in der Praxis untersucht. Die vorliegende Studie hat sich einem Forschungsgebiet genähert, das bisher aus der Medienmanagement-Perspektive eher vernachlässigt wurde. Daher kann auf die hier gewonnen Erkenntnisse aufgebaut werden. Zukünftige Forschung über die Modernisierung der Musikbranche kann an diese Arbeit anknüpfen.

Die Forschungsfragen könnten einer quantitativen Untersuchung unterzogen werden, indem beispielsweise mittels standardisierter Fragebögen eine repräsentative Stichprobe deutscher Labels auf die Umsetzung bestimmter Ansätze betrachtet wird. Quantitative Forschung könnte dazu dienen, die Wichtigkeit einzelner Perspektiven differenzierter zu betrachten und unterschiedliche Anwendungsvoraussetzungen herauszuarbeiten, die der Musikbranche als Orientierung dienen. Langzeitstudien über die Integration von neuen Wertschöpfungsmöglichkeiten und deren Modifikationen stellen ein weiteres Forschungsfeld dar, das dabei helfen kann, präzisere Handlungsempfehlungen für die Branche abzugeben.

Literatur

Anderson, C. (2007). The Long Tail – Der Lange Schwanz. Nischen-produkte statt Massenmarkt – Das Geschäft der Zukunft. München: Hanser.

ARD / ZDF (2008). Die ARD / ZDF-Online-Studie 2008. Erhältlich: http://www.daserste.de/service/studie.asp [28.11.2008]

Baierle, C. (2005). The TIMES, they are a-changing. In: Musikwoche 2005: 22, S. 9-11.

Bockstedt, J. C., Kauffmann, R. J. & Riggins, F. J. (2004). The Move to artist-led online Music distribution: Explainig structural changes in the digital music Market. Mineapolis: University Press.

Bundesverband der Veranstaltungswirtschaft und Musikmarkt (Hrsg.) (2007). GfK-Studie zum Konsumverhalten der Konzert- und Veranstaltungsbesucher in Deutschland. München: Musikmarkt.

Bundesverband Musikindustrie (2008). Musikindustrie in Zahlen 2007. Berlin.

Cunningham, P. & Fröschl, F. (1999). Electronic Business Revoluti-on: Opportunities and Challenges in the 21st Century. Berlin: Springer.

Dietl, H., Franck, E., & Opitz, C. (2005). Piraterie auf dem Tonträ-germarkt und die Evolution von neuen Geschäftsmodellen in der Musikproduktion. In: MedienWirtschaft – Zeitschrift für Medi-enmanagement und Kommunikationsökonomie. 2 (2). S. 53-62.

Emes, J. (2004). Unternehmergewinn in der Musikindustrie: Wert-schöpfungspotenziale und Veränderungen der Branchenstruktur durch die Digitalisierung. Wiesbaden: Deutscher Universitäts-Verlag.

Frahm, C. (2007). Die Zukunft der Tonträgerindustrie. Boizenburg: Werner Hülsbusch.

Friedrichsen, M., Gerloff, D., Grusche, T. & von Damm, T. (2004). Die Zukunft der Musikindustrie. Alternatives Medienmanagement für das MP3-Zeitalter. München: Reinhard Fischer.

Gartz, J. (2005). Die Apple Story. Aufstieg, Niedergang und Wiederauferstehung des Unternehmens rund um Steve Jobs. Kilchberg: Smart Books.

Gebesmair, A. (2008). Die Fabrikation globaler Vielfalt: Struktur und Logik der transnationalen Popmusikindustrie. Bielefeld: Transkript.

Gläser, J. & Laudel, G. (2004). Experteninterviews und qualitative Inhaltsanalyse. Wiesbaden: VS Verlag für Sozialwissenschaften.

Hanisch, S. (2006). Das Konzept der Mass Customization. Saarbrücken: VDM

Heil, B. (1999). Online-Dienste, Portal Sites und elektronische Einkaufszentren: Wettbewerbsstrategien auf elektronischen Massenmärkten. Wiesbaden: Gabler.

Hughes, J. & Lang, K. R. (2003). If I had a song: The culture of digital community networks and its impact on the music industry. In: JMM – The International Journal on Media Management, 5 (3), S. 180-189.

Hummel, J. (2003). Perspektiven für die Musikindustrie im Zeitalter des Internets. In: Wirtz, B. (Hrsg.): Handbuch Medien- und Multimediamanagement. S. 443-463. Wiesbaden: Gabler.

IBM Business Consulting Services (2004). Media and Entertainment 2010. Open on the inside, open on the outside: The open Media Company of the future. Erhältlich: www.ibm.com/bcs [25.11.2008]

IFPI (2008). IFPI Digital Music Report 2008. Revolution – Innovation – Responsibility. Erhältlich: http://www.ifpi.org/content/library/DMR2008.pdf [28.11.2008]

Kaiser, S. & Ringlstetter, M. (2008). Die Krise der Musikindustrie: Diskussion bisheriger und potenzieller Handlungsoptionen. In: Weinacht, S. & Scherer, H. (Hrsg.). Wissenschaftliche Perspektiven auf Musik und Medien. S. 39-55. Wiesbaden: VS Verlag für Sozialwissenschaften.

Kim, W. C. & Mauborgne, R. (2004). Blue Ocean Strategy. In: Harvard Business Review, 86, Nr. 10, 2004, S. 76-84.

Koch, R. (1998). Das 80/20-Prinzip. Mehr Erfolg mit weniger Aufwand. Frankfurt/M.: Campus.

Koch, W. J. (2006). Zur Wertschöpfungstiefe von Unternehmen. Die strategische Logik der Integration. Wiesbaden: Gabler Edition Wissenschaft.

Kromer, E. (2008). Wertschöpfung in der Musikindustrie. Zukünftige Erfolgsfaktoren bei der Vermarktung von Musik. München: Reinhard Fischer.

Kusek, D. & Leonhard, G. (2004). Die Zukunft der Musik. Warum die digitale Revolution die Musikindustrie retten wird. München: Musikmarkt.

Lathrop, T. (2003). This Business of Music Marketing und Promotion. A Practical Guide to Creating a Completely Integrated Marketing und E-Marketing Campaign. Revised and updated Edition. New York: Billboard Books.

Li, C. & Bernoff, J. (2008). Groundswell. Winning in a world transformed by social technologies. Boston: Harvard Business Press.

Liebowitz, S. J. (2003). Will MP3 downloads annihilate the Record Industry? The Evidence so far. Erhältlich: http://www.utdallas.edu/~liebowit/intprop/records.pdf [30.11.2008]

Lull, J. (2002). Superkultur. In: Hepp, Andreas/Löffelholz, Martin (Hrsg.): Grundlagentexte zur transkulturellen Kommunikation. Konstanz: UVK, S. 750-773.

McLuhan, M. (1962). The Gutenberg Galaxy: The Making of The Typographic Man. Toronto: University of Toronto Press.

Molteni, L. & Ordanini, A. (2003). Consumption Patterns, Digital Technology and Music Downloading. In: Long Range Planning, 36, S. 389-406.

Porter, M. (1980). Competitive Strategy: Techniques for analyzing industries and competitors: with a new introduction. New York: The Free Press.

Porter, M. (1985). Competitive Advantage: Creating and Sustaining Superior Performance. New York: The Free Press.

Prahalad, C. K. & Krishnan, M. S. (2008). The New Age of Innovation. Driving Co-Created Value through global Newtworks. New York et Al.: McGraw Hill.

Renner, T. (2004). Kinder, der Tod ist gar nicht so schlimm! Über die Zukunft der Musik- und Medienindustrie. Frankfurt: Campus.

Schöner, F. (1998). Multimedia – Revolution der Musikwirtschaft. Hamburg: Zeit.

Schramm, H. & Hägler, T. (2007). Musikhören im MP3 Zeitalter. Substitutions-, Komplementaritäts- oder „more and more"-Effekte? In: Schramm, H. (Hrsg.). Medien und Komunikationswissenschaft. Sonderband „Musik und Medien". S. 124-140. Baden-Baden: Nomos.

Stein, T. M. & Jakob, H. (2003). Schrumpfende Märkte und neue Vertriebswege als Herausforderung für die strategische Unterneh-
mensführung in der Musikindustrie. In: Wirtz, B. (Hrsg.): Handbuch Medien- und Multimediamanagement. S. 467-481. Wiesbaden: Gabler.

Theurer, M. (2004). Die Musikindustrie zweifelt am Kopoierschutz.
Frankfurter Allgemeine Zeitung, 04.06.2004, S. 18.

Webb, A. (2008). Music Experience and Behaviour in Young People.
Spring 2008. British Music Rights. Erhätlich: http://www.bmr.
org/cms/uploads/files/UoH%20Reseach%202008.pdf
[29.11.2008]

Winter, C., (2006). TIME-Konvergenz als Herausforderung für Management und Medienentwicklung – Einleitung. In: Karmasin,
M. & Winter, C (Hrsg.):Konvergenzmanagement und Medienwirtschaft. S. 13-54. München: Wilhelm Fink.

Winter, C., (2006). TIMES-Konvergenz und der Wandel kultureller
Solidarität. In: Hepp, A., Krotz, F., Moores, S. & Winter C.
(Hrsg.). Konnektivität, Netzwerk und Fluss. Konzepte gegenwär-
tiger Medien-, Kommunikations- und Kulturtheorie. S.79-100.
Wiesbaden: VS Verlag für Sozialwissenschaften.

Wirtz, B. W. (2003). Value Chain Strategies and Media Convergenz.
In: Wirtz, B. W. (Hrsg.): Handbuch Medien- & Multimediamanagement. S. 705-722. Wiesbaden: Gabler.

Wirtz, B., Vogt, P., & Flothmann, R. (2003). Integriertes Management
in der Musikindustrie. In: Wirtz, B. (Hrsg.): Handbuch Medien-
und Multimediamanagement. S. 495-531. Wiesbaden: Gabler.

Zerdick, A. (Hrsg.). (1999). Die Internetökonomie: Strategien für die
digitale Wirtschaft. Berlin: Springer.

Anhang

Wie wir bereits besprochen haben, findet dieses Interview im Rahmen meiner Materarbeit statt. Ich beschäftige mich dabei mit neuen Wertschöpfungsmöglichkeiten der Musikbranche. Dabei sollen verschiedenste Ansätze auf ihre Praxistauglichkeit überprüft werden. Dazu führe ich mit verschiednen Labels diese Interviews. Ich würde mich deswegen gerne mit Ihnen über verschiedenste Aktivitäten ihres Labels unterhalten. Diese sollen dabei aus verschiedensten Perspektiven betrachtet werden.

Als Reihenfolge würde ich vorschlagen, dass wir zunächst über den Umgang mit den Konsumenten sprechen, dann auf die unterschiedlichen Kooperationsmöglichkeiten mit anderen Unternehmen und Branchen eingehen sowie im weiteren Verlauf auch die Bedeutung des Internets für euch als Plattenfirma diskutieren.

Ich werde Ihnen einige Fragen zu den jeweiligen Themenbereichen stellen. Lassen Sie Ihren Gedanken bei der Beantwortung ruhig freien Lauf.

Damit die anschließende Auswertung des Interviews zu verwendbaren Ergebnissen führt, würde ich dieses Gespräch gerne aufzeichnen. Selbstverständlich werden alle Angaben aus diesem Gespräch vertraulich behandelt.
Sind Sie damit einverstanden?

Gut, dann fangen wir doch einfach mal an...

Aufwärmfrage:

- Welche besonderen Marketingaktivitäten haben Sie in letzter Zeit durchgeführt? Und welche Ziele haben Sie dabei verfolgt?

Perspektive 1: Prozessöffnung und Kooperationen

- Die Musik-Nutzungsgewohnheiten entwickeln sich permanent weiter. Um den Ansprüchen der Konsumenten gerecht zu werden, bietet es sich an, auch mit anderen Unternehmen zusammen zu arbeiten. Aus welchen Branchen stammen die Unternehmen, mit denen Sie zusammenarbeiten?

  - Aus der Computer-, Software-, oder Telekommunikationsbranche, oder handelt es sich um Medienunternehmen?
  - Arbeiten Sie mit Apple iTunes oder Musicload zusammen?
  - Oder mit Handyherstellern oder MP3-Player-Herstellern?
  - Kooperieren Sie mit Konzertveranstaltern?

- Und Wie sieht diese Zusammenarbeit aus? Welche Ziele werden damit verfolgt?

  - Geht es dabei nur um Outsourcing?
  - Kooperieren Sie auch international?

- Agieren Sie selbst denn auch international? Oder nur auf dem deutschen Markt?

  - Dann haben Sie sicherlich auch Vertriebspartner oder Partner Labels in den jeweiligen Ländern?

- Was würden Sie als die „Kernkompetenzen" Ihres Unternehmens bezeichnen?

  - Marketing und Promotion?
  - A & R und Produktion?

- Planen Sie eine Zusammenarbeit mit anderen Labels für einen solchen Shop?

- **Das Ende der CD scheint nahe: Gerade aktuell wurde ja die mögliche CD Nachfolge mit Slot Music (in den USA) in den Medien diskutiert.**
  - Was halten Sie davon? Ist das die Zukunft?
  - Ist das überhaupt noch eine Innovation?

- **Geht es nicht viel eher darum, neue Märkte zu schaffen oder zu betreten, in denen es noch keinen Überfluss an Angeboten gibt?**
  - Also Innovationen zu schaffen bzw. zu nutzen?

- **Stichwort Web 2.0: Welche Bedeutung spielen soziale Netzwerke für Ihr Label bzw. Ihre Bands?**
  - Welche Bedeutung haben Myspace, Youtube und Last.FM?
  - Wie wichtig sind Studi VZ und Facebook?

- **Welche Funktion hat das Internet allgemein für Sie als Label?**
  - Verkaufsplattform oder Marketingtool?

Perspektive 4: Kundenzentrierung und Co-Kreation (N = 1)

- **Welche speziellen Aktivitäten betreiben Sie für die Kundenbindung?**
  - Warum genau? Was bringt Ihnen das?

- **Welche Möglichkeiten bieten Sie den Konsumenten, um ihre Musikalische Individualität ausleben zu können? Also: wie können die Fans mitbestimmen?**
  - In wie fern können Ihre Kunden die Produkteigenschaften mitgestalten?
  - Zielgruppen zerbröseln immer weiter, da muss man quasi auf Individualebene aktiv werden, wie machen Sie das?
  - Wie gehen Sie auf individuelle Kundenwünsche ein?

- **Was für Vor- bzw. Nachteile entstehen für Sie als Label daraus, das Internet als Verkaufplattform zu nutzen?**
  - Wie steht es um den Wegfall von Lager und Produktionskosten?
  - Haben Sie eine Digitalisierung Ihres Back-Kataloges vorgenommen?
  - Wie stehen Sie dem Phänomen gegenüber, das alles immer verfügbar ist und „ausverkauft" nicht mehr möglich ist?

- **Welche Rolle spielen „music for free"-Angebote dabei für Sie?**
  - Musik umsonst weggeben und an anderen Dienstleistungen verdienen?
  - Ein Beispiel wäre „Nokia Comes with Music"
  - Was halten Sie von Abonnementmodellen?
  - Wie stehen Sie als Label dem Verschenken von CDs als Beilage zu einem Musikmagazin gegenüber?
    (→ Beispiel: Rolling Stone Oktober 2008 enthielt *Lambchop*, „Ohio")
  - Wie steht es da um die Entwertung von Musik?

Perspektive 6: Plattenfirmen als Full-Service-Institutionen - 360°- Modelle

- **Ein auch viel diskutierter „neuer" Ansatz ist ja das sog. 360°-Modell. Also alles aus einer Hand für den Künstler. Sozusagen eine Rundumversorgung gekoppelt an einer Partizipation der Labels an den Verwertungsrechten. Bieten Sie Ihren Künstlern so etwas an?**
  - Daraus ergibt sich aber auch eine mögliche Rundumversorgung für den Konsumenten. Der Fan kann dann ja praktisch auch alles aus einer Hand erhalten. Musik. Tickets. Merchandise.
  - Spielt das für Sie eine Rolle?
  - Das Label als Marke? Oder Bands als Marke?

Abschlussfrage:

- **Können Sie abschließend bitte noch kurz einschätzen, wie die Zukunft aussieht? Welche Geschäftsmodelle sind zukunftsweisend? Was sind die Trends der nächsten Jahre?**

...Danke für das interessante und informative Gespräch!

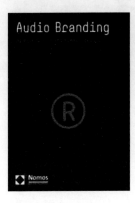

Audio Branding

Brands, Sound and
Communication

Herausgegeben von Kai
Bronner und Rainer Hirt

*2009, 280 S., brosch., 29,– €,
ISBN 978-3-8329-4352-3*

The articles in this book deal
with functions of sound, the
basics and principles of brand
communication and Audio
Branding, multi-sensory
aspects of brand communi-
cation and legal matters
concerning sound marks,
among others. In case studies
on projects with international
brands, leading experts pro-
vide insight into what Audio
Branding actually means in
practice. This compilation is
based on the German publi-
cation Audio-Branding that
was released in 2007.

Audio-Branding

Entwicklung, Anwendung,
Wirkung akustischer
Identitäten in Werbung,
Medien und Gesellschaft

Herausgegeben von Kai
Bronner und Rainer Hirt

*2. Auflage 2007, 318 S.,
brosch.,
22,– €, ISBN 978-3-8329-4385-1
(Praxisforum Medien-
management, Bd. 5)*

Beiträge von Experten aus
Werbung, Wissenschaft, Forschung und Entwicklung
schaffen die Verbindung
von wichtigen Grundlagen,
wissenschaftlichen Unter-
suchungen, Erfahrungsbe-
richten sowie Fallbeispielen
und ermöglichen damit einen
differenzierten Blick auf den
Themenkomplex.

Viva MTV! reloaded

Musikfernsehen und
Videoclips crossmedial

Von Axel Schmidt, Klaus
Neumann-Braun und
Ulla Autenrieth

*2009, 110 S., brosch., 17,90 €,
ISBN 978-3-8329-3912-0*

Der Band widmet sich einer
historischen wie systema-
tischen Betrachtung der
Phänomene Musikfernsehen
und Videoclips/Musikvideos
am Beispiel des international
operierenden Senders MTV
respektive seines deutschen
Pendants VIVA.

Der Band ist ein Muss für alle,
die sich für den schnellen
Wandlungsprozess in der
Musikbranche interessieren.